Walter Flex
Der Wanderer zwischen beiden Welten.
Eine Erzählung aus dem Ersten Weltkrieg

edition militaris

ISBN: 978-3-96389-054-3
Druck: edition militaris, 2018
Die edition militaris ist ein Imprint der Diplomica Verlag GmbH.

© edition militaris, 2018
http://www.diplomica-verlag.de
Printed in Germany
Alle Rechte vorbehalten.
Die edition militaris übernimmt keine juristische Verantwortung oder irgendeine Haftung für evtl. fehlerhafte Angaben und deren Folgen.
Der Inhalt ist im historischen Kontext zu lesen.

Walter Flex

Der Wanderer zwischen beiden Welten
Eine Erzählung aus dem Ersten Weltkrieg

„Auf Poesie ist die Sicherheit
der Throne gegründet."
Gneisenau

Eine stürmische Vorfrühlingsnacht ging durch die kriegswunden Laubwälder Welsch-Lothringens, wo monatelanger Eisenhagel jeden Stamm gezeichnet und zerschroten hatte. Ich lag als Kriegsfreiwilliger wie hundert Nächte zuvor auf der granatenzerpflügten Waldblöße als Horchposten und sah mit windheißen Augen in das flackernde Helldunkel der Sturmnacht, durch die ruhlos Scheinwerfer über deutsche und französische Schützengräben wanderten. Der Braus des Nachtsturms schwoll anbrandend über mich hin. Fremde Stimmen füllten die zuckende Luft. Über Helmspitze und Gewehrlauf hin sang und pfiff es schneidend, schrill und klagend, und hoch über den feindlichen Heerhaufen, die sich lauernd im Dunkel gegenüberlagen, zogen mit messerscharfem Schrei wandernde Graugänse nach Norden.
Die verflackernde Lichtfülle schweifender Leuchtkugeln hellte wieder und wieder in jähem Überfall die klumpigen Umrisse kauernder Gestalten auf, die in Mantel und Zeltbahn gehüllt gleich mir, eine Kette von Spähern, sich vor unseren Drahtverhauen in Erdmulden und Kalkgruben schmiegten. Die Postenkette unsres schlesischen Regiments zog sich vom Bois des Chevaliers hinüber zum

Bois de Vérines, und das wandernde Heer der wilden Gänse strich gespensterhaft über uns alle dahin. Ohne im Dunkel die ineinanderlaufenden Zeilen zu sehen, schrieb ich auf einen Fetzen Papier ein paar Verse:

> Wildgänse rauschen durch die Nacht
> Mit schrillem Schrei nach Norden –
> Unstäte Fahrt! Habt acht, habt acht!
> Die Welt ist voller Morden.
>
> Fahrt durch die nachtdurchwogte Welt,
> Graureisige Geschwader!
> Fahlhelle zuckt, und Schlachtruf gellt,
> Weit wallt und wogt der Hader.
>
> Rausch' zu, fahr' zu, du graues Heer!
> Rauscht zu, fahrt zu nach Norden!
> Fahrt ihr nach Süden übers Meer –
> Was ist aus uns geworden!
>
> Wir sind wie ihr ein graues Heer
> Und fahr'n in Kaisers Namen,
> Und fahr'n wir ohne Wiederkehr,
> Rauscht uns im Herbst ein Amen!

Während ich das im Bois des Chevaliers schrieb, lag drüben im Vérines-Walde ein zwanzigjähriger Student der Theologie, Kriegsfreiwilliger gleich mir, auf Horchposten. Wir wußten damals noch

nichts voneinander. Aber als er, Monate später, die Verse in meinen Kriegstagebuchblättern fand, entsann er sich deutlich jener Nacht und des wandernden Gänseheers, das über uns beide dahinzog. Beide sahen wir ihm mit den gleichen Gedanken nach. Und an uns beide trat in derselben Stunde aus dem Dunkel der hinter uns liegenden Gräben eine Gefechtsordonnanz mit dem Befehl, uns um Mitternacht marschfertig vor dem Regimentsgeschäftszimmer zu melden. Mit müden und doch seltsam wachen Sinnen sahen wir im Abstieg noch einmal die schwermütige Schönheit der kahlen, grauen Hänge und Mulden, deren Kalk im Mondlicht tot, fremd und schwer wird, und die lichtlose, graue Einsamkeit der zerschossenen und verlassenen Steinhütten . . . .
Im Geschäftszimmer des Regiments erfuhren wir, daß wir bei Morgengrauen mit zwanzig andern Kriegsfreiwilligen nach Deutschland in Marsch gesetzt würden, um im Posener Warthelager eine Offiziersausbildung durchzumachen.
Auf der abschüssigen Dorfstraße zwischen der granatenzertrümmerten Kirche und dem Pfarrhaus mit seinen Kriegergräbern trat unser kleiner Trupp in der Frühe des folgenden Tages an. Zur gleichen Zeit wie wir sollte ein Kommando von Berufsschlächtern, die zur Verwendung in der Heimat aus der Truppe gezogen waren, den Ort

verlassen. Während wir nun in Reih und Glied, des Marschbefehls gewärtig, vor dem Pfarrhaus standen, trat ein Major an uns heran und rief uns von weitem zu: „Seid ihr die Metzger, Kerls?" und ein Chorus von beleidigten und vergnügten Stimmen antwortete: „Nein, Herr Major, wir sind die Offiziersaspiranten!" Während der Major mit einem verdrießlichen Gemurmel an unserm grauen Häuflein vorbei die Suche nach seinen Metzgern fortsetzte, sah ich zufällig in ein Paar auffallend schöne lichtgraue Menschenaugen. Sie gehörten meinem Nebenmann und standen randvoll fröhlichen Lachens. Wir sahen uns an und begegneten uns in der Freude an einem jener kleinen harmlos-spaßhaften Erlebnisse, an denen unser Kriegsfreiwilligendasein reich war. Was für reine Augen hat der junge Mensch! dachte ich und merkte beim Aufruf durch den Regimentschreiber auf seinen Namen. „Ernst Wurche." „Hier!" Nun, dachte ich, es ist hübsch, daß du und ich den gleichen Weg haben. . . .

Ein paar Stunden später stieg unser kleiner Trupp die mit Strömen von Heldenblut getränkten Höhen der Côtes Lorraines von Hâtonchatel nach Vigneulles hinab. Der steile Abstieg und die von Tau und Sonne sprühend frische Luft rückte einem, ohne daß man's recht wußte, den Kopf in den Nacken, und bald flatterte ein Lied wie eine helle nichts voneinander. Aber als er, Monate später, die Verse in meinen Kriegstagebuchblättern fand, entsann er sich deutlich jener Nacht und des wandernden Gänseheers, das über uns beide dahinzog. Beide sahen wir ihm mit den gleichen Gedanken nach. Und an uns beide trat in derselben Stunde aus dem Dunkel der hinter uns liegenden Gräben eine Gefechtsordonnanz mit dem Befehl, uns um Mitternacht marschfertig vor dem Regimentsgeschäftszimmer zu melden. Mit müden und doch seltsam wachen Sinnen sahen wir im Abstieg noch einmal die schwermütige Schönheit der kahlen, grauen Hänge und Mulden, deren Kalk im Mondlicht tot, fremd und schwer wird, und die lichtlose, graue Einsamkeit der zerschossenen und verlassenen Steinhütten . . . .

Im Geschäftszimmer des Regiments erfuhren wir, daß wir bei Morgengrauen mit zwanzig andern Kriegsfreiwilligen nach Deutschland in Marsch gesetzt würden, um im Posener Warthelager eine Offiziersausbildung durchzumachen.

Auf der abschüssigen Dorfstraße zwischen der granatenzertrümmerten Kirche und dem Pfarrhaus mit seinen Kriegergräbern trat unser kleiner Trupp in der Frühe des folgenden Tages an. Zur gleichen Zeit wie wir sollte ein Kommando von Berufsschlächtern, die zur Verwendung in der Heimat aus der Truppe gezogen waren, den Ort verlassen. Während wir nun in Reih und Glied, des Marschbefehls gewärtig, vor dem Pfarrhaus standen, trat ein Major an uns heran und rief uns von weitem zu: „Seid ihr die Metzger, Kerls?" und ein Chorus von beleidigten und vergnügten Stimmen antwortete: „Nein, Herr Major, wir sind die Offiziersaspiranten!" Während der Major mit einem verdrießlichen Gemurmel an unserm grauen Häuflein vorbei die Suche nach seinen Metzgern fortsetzte, sah ich zufällig in ein Paar auffallend schöne lichtgraue Menschenaugen. Sie gehörten meinem Nebenmann und standen randvoll fröhlichen Lachens. Wir sahen uns an und begegneten uns in der Freude an einem jener kleinen harmlos-spaßhaften Erlebnisse, an denen unser Kriegsfreiwilligendasein reich war. Was für reine Augen hat der junge Mensch! dachte ich und merkte beim Aufruf durch den Regimentschreiber auf seinen Namen. „Ernst Wurche." „Hier!" Nun, dachte ich, es ist hübsch, daß du und ich den gleichen Weg haben. . . .

Ein paar Stunden später stieg unser kleiner Trupp die mit Strömen von Heldenblut getränkten Höhen der Côtes Lorraines von Hâtonchatel nach Vigneulles hinab. Der steile Abstieg und die von Tau und Sonne sprühend frische Luft rückte einem, ohne daß man's recht wußte, den Kopf in den Nacken, und bald flatterte ein Lied wie eine helle frohe Fahne über dem grauen Häuflein. „Wohlauf, die Luft geht frisch und rein! Wer lange sitzt, muß rosten. Den allersonnigsten Sonnenschein läßt uns der Himmel kosten." Wie lange hatte man das nicht gesungen! Wer hatte es angestimmt? Der junge Student mir zur Seite hatte eine Stimme, so hell und rein wie seine Augen. Wer so singt, mit dem wird gut plaudern sein, dachte ich, während er unbekümmert froh die frischerwachte Wanderlust im Liede ausschwingen ließ. . . .

Steiler und steiler drängte die Straße in die weite lothringische Ebene hinab. In scharfer Wendung zwang sie auf halber Höhe plötzlich den Blick rückwärts und hinauf zu der in Morgenröte und Frühnebeln badenden Kirche von Hâtonchatel, aus deren gotischem Zierat die junge Sonne gleichsam in hellen Bächen hervorsickerte, empor zu den zerschossenen Häusern, die sie umdrängten, und zu dem Bergfriedhof davor, über dessen graue Mauern das Leben in Büscheln frischen Grüns mit hundert schlanken Zweigen voll silbrig schimmernden Teufelszwirns und schwellender Haselkätzchen hinausdrängte. Je tiefer wir stiegen, desto thronender hob sich über das Tal und die taufeuchten Rebenhänge, in immer hellerer Sonne schwelgend, die Kirchenruine von Hâtonchatel, eine Gottesburg, vor der sich das reiche Land hinauf und hinab breitete wie ein Gebetsteppich für Scharen von Pilgern.

Vielleicht hätte ich dies alles nicht so gesehen ohne den zwanzigjährigen Kameraden neben mir. Er sang nicht mehr, sondern war ganz in Schauen und Schreiten versunken. Trotz und Demut, die Anmut des Jünglings, lagen wie ein Glanz über der Haltung des straffen Körpers, dem schlanken Kraftwuchs der Glieder, dem stolzen Nacken und der eigenwilligen Schönheit von Mund und Kinn. Sein Gehen war federnde, in sich beruhende und lässig bewegte Kraft, jenes Gehen, das „Schreiten" heißt, ein geruhiges, stolzes und in Stunden der Gefahr hochmütiges Schreiten. Der Gang dieses Menschen konnte Spiel sein oder Kampf oder Gottesdienst, je nach der Stunde. Er war Andacht und Freude. Wie der schlanke, schöne Mensch in dem abgetragenen grauen Rock wie ein Pilger den Berg hinabzog, die lichten grauen Augen ganz voll Glanz und zielsicherer Sehnsucht, war er wie Zarathustra, der von den Höhen kommt, oder der Goethesche Wandrer. Die Sonne spielte durch den feinen Kalkstaub, den seine und unsere Füße aufrührten, und der helle Stein der Bergstraße schien unter seinen Sohlen zu klingen....
Sein Gang war Wille und Freude. Er ging aus Vergangenheit in Zukunft, aus den Lehrjahren ging er in seine Meisterjahre hinüber. Hinter ihm versanken die Berge, auf denen er mit Picke und Spaten geschanzt hatte, die Wälder, deren

zentnerschwere Stämme er stundenweit auf willigen Schultern getragen, die Dörfer, deren Straßen er mit Schaufel und Kotrechen saubergehalten hatte, die Gräben, in denen er zu allen Stunden des Tages und der Nacht seinen Wachdienst getan, und die Erdlöcher und Unterstände, in denen er soviel Monate hindurch mit Handwerkern, Fabrikern und polnischen Landarbeitern gute Kameradschaft gehalten hatte. Er hatte sechs Monate hindurch den grauen Rock ohne Knopf und Tressen getragen, und von den härtesten und niedrigsten Diensten war ihm nichts geschenkt worden. Nun schritt er von den Bergen herab, um Führer zu werden. Aber er warf die Vergangenheit nicht von sich wie einen abgetragenen Rock, sondern nahm sie mit sich wie einen heimlichen Schatz. Er hatte sechs schwere Monate hindurch um die Seele seines Volkes gedient, von der so viele reden, ohne sie zu kennen. Nur wer beherzt und bescheiden die ganze Not und Armseligkeit der Vielen, ihre Freuden und Gefahren mitträgt, Hunger und Durst, Frost und Schlaflosigkeit, Schmutz und Ungeziefer, Gefahr und Krankheit leidet, nur dem erschließt das Volk seine heimlichen Kammern, seine Rumpelkammern und seine Schatzkammern. Wer mit hellen und gütigen Augen durch diese Kammern hindurchgegangen ist, der ist wohl berufen, unter die Führer des Volkes zu treten. Als ein Wissender an Kopf und Herzen stieg der junge Kriegsfreiwillige von den lothringischen Bergen herab, um Führer und Helfer in seinem Volke zu werden. Davon klang sein Schritt. Und wenn die Menschen mit allem lügen und heucheln könnten, Blick und Stimme und Gang der Starken und Reinen können sie nicht erheucheln und nachtäuschen. Noch hatte ich mit dem jungen Studenten kein Wort gesprochen, aber Blick und Stimme und Gang des Jünglings waren mir freund geworden.

Im Eisenbahnwagen kamen wir ins Gespräch. Er saß mir gegenüber und kramte aus seinem Tornister einen kleinen Stapel zerlesener Bücher: ein Bändchen Goethe, den Zarathustra und eine Feldausgabe des Neuen Testaments. „Hat sich das alles miteinander vertragen?" fragte ich. Er sah hell und ein wenig kampfbereit auf. Dann lachte er. „Im Schützengraben sind allerlei fremde Geister zur Kameradschaft gezwungen worden. Es ist mit Büchern nicht anders als mit Menschen. Sie mögen so verschieden sein, wie sie wollen – nur stark und ehrlich müssen sie sein und sich behaupten können, das gibt die beste Kameradschaft." Ich blätterte, ohne zu antworten, in seiner Sammlung Goethescher Gedichte. Ein anderer Kamerad sah herüber und sagte: „Das Buch habe ich mir beim Auszug auch in den Tornister gesteckt, aber wann hat man hier draußen Zeit zum Lesen gehabt?"

„Wenn man wenig Zeit zu lesen hat", meinte der junge Student, „so soll man auswendig lernen. Ich habe in diesem Winter siebzig Goethesche Gedichte gelernt. Die konnte ich dann vorholen, so oft ich wollte." Er sprach frei und leicht und ohne jeden Anflug von Selbstbespiegelung oder Schulmeisterlichkeit, aber seine unbefangene und selbstsichere Art, ohne Scheu auch von wesentlichen und innerlichen Dingen zu reden, zwang zum Aufhorchen. Seine Worte waren so klar wie seine Augen, und aus jedem seiner frisch und ehrlich gefügten Sätze konnte man sehen, wes Geistes Kind man vor sich hatte.

Die Gespräche im Eisenbahnwagen kreuzten um die Aufgaben der nahen Zukunft. Wir fuhren einer Lehrzeit entgegen. Dem einen schien's viel, dem andern wenig, was in der kurzen Zeit zu lernen war. „Ein Zugführer braucht ja kein Stratege zu sein", meinte einer. „Leutnantsdienst tun heißt: seinen Leuten vorsterben. Wer ein ganzer Kerl ist, braucht nur ein wenig Handwerk zuzulernen." Der so sprach, meinte es ehrlich, und er hat nicht allzulang danach in Russisch-Polen sein Wort wahr gemacht, aber seine ungelenke und hitzige Art, unvermittelt und oft am falschen Platz große Worte zu machen, ließ ihn bei aller Redlichkeit oft zur Zielscheibe harmlosen Spottes werden. Auch hier fiel sein Wort wie ein Stein in leichtes Geplauder.

Einige lächelten. Aber Ernst Wurche hob den Stein leicht auf, und er wurde in seiner Hand zum Kristall. „Leutnantsdienst tun heißt: seinen Leuten *vorleben*", sagte er, „das Vor-sterben ist dann wohl einmal ein Teil davon. Vorzusterben verstehen viele, und das ‚Non dolet‘, mit dem die römische Frau ihrem zaghaften Gatten zeigte, wie gut und leicht sich sterben läßt, steht dem Mann und Offizier noch besser, aber das Schönere bleibt das Vorleben. Es ist auch schwerer. Das *Zusammen-leben* im Graben war uns vielleicht die beste Schule, und es wird wohl niemand ein rechter Führer, der es nicht hier schon war."
Es erhob sich alsbald ein lebhafter Streit, ob es leicht oder schwer sei, Einfluß auf das Denken und Fühlen des gemeinen Mannes zu gewinnen. Mancher hatte mit Belehrungs- und Erziehungsversuchen kläglich Schiffbruch gelitten und war immer wie ein fremder Vogel im Schwarm gewesen. Vieles, das hin und her geredet wurde, ist mir entfallen, und es verblaßte auch mit Recht neben einem kleinen Erlebnis, das der junge Student erzählte. „Die großen Kerls", meinte er lächelnd, „sind wie die Kinder. Mit Schelten und Verbieten ist wenig getan. Sie müssen einen gern haben. Ein Spiel, bei dem man nicht mittut, muß ihnen kein rechtes Spiel sein. Wenn wir zu acht im Unterstand lagen, suchte auch oft einer dem

anderen mit unsaubern Witzen den Vogel abzuschießen. Und ein Weilchen unterhielten sie sich damit ganz prächtig. Aber dann war einer, ein Breslauer Sozialdemokrat, der gute Freundschaft mit mir hielt; der merkte immer zuerst, wenn ich nicht mittat. ‚Ernstel, schläfst du auch?' fragte er dann jedesmal, und wir wußten alle beide, daß sein Spott auf unsichern Beinen stand. Ich knurrte auch nur, ‚Laßt mich zufrieden', oder so. Sie wußten recht gut, wenn ich nichts von ihnen wissen wollte, und das paßte ihnen nicht. Es dauerte dann meistens auch gar nicht lange, bis einer eine Schnurre erzählte, über die ich mitlachte. Und dann hatten wir die lustigsten Stunden."

Er erzählte das ganz schlicht und mit so herzgewinnender Nachfreude, daß man unwillkürlich die Kraft spürte, die sein Wesen auf grobe und feine Herzen übte. Ich verstand ganz seine „großen Kerls", die ihn „gern hatten" und denen das Lachen ohne ihn schal war. Viel später, in den Wäldern von Augustowo, hat er mir dann zuweilen Briefe seiner alten Kameraden zu lesen gegeben, denen er selbst fleißig schrieb. Darunter war auch einer seines Breslauer Sozialdemokraten. Der fing mit „Lieber Herr Leutnant" an, und ziemlich unvermittelt stand zwischen allerlei Nachrichten: „Seit Sie fort sind, sind unsre Gespräche

nicht besser geworden. Über viele Witze würden Sie nicht lachen, und wir dann auch nicht." Es mag, auch in Deutschland, nicht viele Offiziere geben, denen solche Briefe geschrieben werden. . . .
In dem Eisenbahnwagen, der uns quer durch Deutschland von Metz nach Posen führte, saß ich dem rasch liebgewonnenen Kameraden viele Stunden gegenüber. Es wurde viel gelacht und geplaudert. Aus allen seinen Worten sprach ein reiner, klarer, gesammelter Wille. So wie er die Anmut des Knaben mit der Würde des Mannes paarte, war er ganz Jüngling, und er erinnerte mich in seinem bescheidenen, selbstsicheren Lebensfrohsinn fast schmerzhaft deutlich an meinen jüngsten Bruder, der in den ersten Septembertagen in Frankreich gefallen war. „Sind Sie nicht Wandervogel, Wurche?" fragte ich ihn aus meinen Gedanken und Vergleichen heraus, und sieh', da hatte ich an die Dinge des Lebens gerührt, die ihm die liebsten waren! Aller Glanz und alles Heil deutscher Zukunft schien ihm aus dem Geist des Wandervogels zu kommen, und wenn ich an ihn denke, der diesen Geist rein und hell verkörperte, so gebe ich ihm recht. . . .
Die paar Wochen Lehrzeit im Warthelager haben dem Wesen des Jünglings nichts gegeben und nichts genommen. Er wurde rasch nacheinander Unteroffizier, Feldwebel und Leutnant. Mit seinen

Aufgaben fand er sich glatt und sicher ab, und an den Verdrießlichkeiten und Kleinlichkeiten, wie sie der Friedensdrill mit sich bringt, ging er mit lässigem Hochmut vorüber. Einmal entschlüpfte auch mir, ich weiß nicht mehr über wen und worüber, ein verdrossenes Wort. Da schob er seinen Arm in meinen, sah mich mit seiner herzlich zwingenden Heiterkeit an und zitierte aus seinem Goethe:

>„Wandrer, gegen solche Not
>Wolltest du dich sträuben?
>Wirbelwind und trocknen Kot,
>Laß ihn drehn und stäuben!"

Damit war die Sache abgetan. Wir wanderten in den Sonntagmorgen hinaus zum Warthe-Ufer und sprachen von Flüssen, Bergen, Wäldern und Wolken....

Es wurde Mai. Da zogen wir zum zweitenmal hinaus. Wohin? Das wußte von den paar hundert jungen Offizieren noch keiner, als uns schon die grellweißen Lichtkegel unsrer Autos zum Schlesischen Bahnhof in Berlin vorausrasten. Die Zukunft war voller Geheimnisse und Abenteuer, und aus dem Dunkel im Osten, in das sich die Lichter unsres Zuges hineinfraßen, wuchs der Schatten Hindenburgs....

Der Zug fuhr ohne Halt durch die Mainacht, als wollte er Weg und Ziel nicht verraten. Nur hin und wieder flog ein grell von Bahnhofslichtern überstrahltes Schild mit einem Stationsnamen an uns vorüber. Es ging nach Osten. Der Schatten Hindenburgs wuchs und wuchs. Kühl und blausonnig ging der Maimorgen über den ostpreußischen Seen auf. Ging es nach Kurland, ging es nach Polen? Ernst Wurche zeigte hartnäckig, so oft wir hin und her rieten, auf die Teile der großen Generalstabskarte, die mit dem tiefsten Blau und dem lichtesten Grün gezeichnet waren. Der helle, liebe Mai gaukelte dem Wandervogel die Lockbilder weiter, sonniger Seen, schattiger Wälder und taunasser Wiesen vor.

Auf dem Bahnhof eines ostpreußischen Städtchens wurden uns von lachenden Mädchen Erfrischungen und Blumen ins Abteil gereicht. Als der Zug sich unter Winken, Zurufen und Gelächter in Bewegung setzte, warf uns ein älterer Herr mit einem fast zornigen Gesicht ein Extrablatt zu. Wir fingen es auf und lasen. Italien hatte an Österreich den Krieg erklärt....

Seit Tagen hatte man schon nichts anderes mehr erwartet. Es waren nicht wenige unter uns, die noch in Berlin darauf gewettet hatten, daß wir selbst an die italienische Front geworfen würden. Nun stand der italienische Verrat schwarz auf

weiß wie eine häßliche Fratze vor uns. Ein Weilchen war es still. Dann fielen harte, starke und laute Worte. Einer der Jüngsten von uns, der noch nicht allzulang der Sekunda entlaufen war, steckte das Blatt auf die Spitze seines Degens und winkte damit zum Fenster hinaus. Ein paar helle Mädchenarme winkten fröhlich und übermütig zurück. Der alte Ostpreuße in seinem schwarzen Rock stand unbeweglich und sah uns fast drohend nach. Der Bahnhof floh zurück. Die Menschen auf dem Bahnsteig schrumpften zusammen. Ein paar helle, bunte Flecke, mitten darin ein schwarzer Strich. ... Dann verschwand auch das. Nur das Blatt mit den großen, zornigen, schwarzen Lettern lag noch auf dem roten Plüsch unseres Abteils. Eine Hand nach der andern hob es auf. Zuletzt warf es eine Faust zerknüllt in die Ecke. Das Gespräch ging längst wieder andere Wege. Ein junger Berliner Hochschullehrer, der als Kriegsfreiwilliger mit den jungen Regimentern in Flandern gefochten hatte, erzählte aus der Hölle von Ypern.
Mein Blick fiel zufällig auf Ernst Wurche. Er saß still in seiner Ecke, aber seine hellen, frohen Augen spielten mit der Maisonne um die Wette über die aufgeschlagenen Seiten eines Büchleins, das ihm auf den Knien lag. Es war sein Neues Testament. „Ernstel, schläfst du?" neckte ich ihn, da er's so ganz verschmähte, an unsern Gesprächen

teilzunehmen. Er sah voll und herzlich auf. Dann rückte er mir mit einer raschen, fröhlichen Bewegung das schwarze Bändchen hin und tippte mit dem Finger auf eine Zeilenreihe.

„Der mit der Hand mit mir in die Schüssel tauchte, der wird mich verraten", las ich. Ich glaubte ihn zu verstehen. „Italien?" fragte ich. Er nickte und tippte auf eine andere Stelle.

„Da ging hin einer mit Namen Judas Ischarioth und sprach: *Was wollt ihr mir geben?* Ich will ihn euch verraten. . . ." Ich nickte ihm zu, da warf er rasch ein paar Blätter herum. „Und das wird das Ende sein!" Sein Zeigefinger lag auf dem kläglichen Wort des Verräters: „Ich habe übel getan, daß ich unschuldig Blut verraten habe." Und weiter: „*Sie sprachen: Was geht uns das an! Da siehe du zu!*"

Keine Spur eines finsteren Eiferers lag in seinem offenen Blick und seiner frohen Gebärde. Seine Seele war weit und voll Sonne, und er las die Bibelstellen nicht anders als in dem hellen, starken Geiste, mit dem wir Kriegsfreiwilligen den Mondregenbogen an Gottes Himmel schauten, als wir nach Frankreich hinausfuhren. Sein Christentum war ganz Kraft und Leben. Die religiöse Erweckkung aus Feigheit war ihm erbärmlich. Er hatte eine stille, herzliche Verachtung für das draußen und daheim wuchernde Angst-Christentum und die Gebetspanik der Feigen. Von ihnen sagte er einmal: „Sie suchen immer in Gottes Willen hineinzupfuschen. Gottes Wille ist ihnen nicht so heilig wie ihr bißchen Leben. Man sollte immer nur um Kraft beten. Der Mensch soll nach Gottes Hand greifen, nicht nach Pfennigen in seiner Hand." Sein Gott war mit einem Schwerte gegürtet, und auch sein Christus trug wohl ein helles Schwert, wenn er mit ihm in den Kampf schritt. Zur Stunde sah er seine blanke Schneide gegen die verräterischen Bundesgenossen fliegen. Davon brannten ihm die Augen.

Der junge Offizier ließ an seinen Glauben so wenig rühren wie an sein Portepee. Sein Glaube und seine Ehre, das gehörte zusammen. Ich hörte später einmal, wie ein etwas älterer Kamerad mit einer läppischen Bemerkung über sein theologisches Studium witzelte. Den sah er hell an, und dann sagte er ganz ruhig und liebenswürdig: „Theologie ist eine Sache für feine Köpfe, nicht für Klötze." Er verlor nie die Ruhe, auch nicht, wenn er grob wurde, und er konnte vollendet grob werden.

Allmählich ließ sich das Ziel unserer Reise erkennen. Eine Nacht verbrachten wir in Suwalki, und am nächsten Morgen fauchte der Zug, der nur noch wenige Wagen zählte, durch die endlosen Nadelwälder von Augustowo zur Front. Ein Teil der Bahnstrecke wurde von den Russen unter Artilleriefeuer gehalten. Auf offener Strecke blieben wir ein paar Stunden liegen, während der Gegner weiter vorn die Geleise mit Granaten abstreute. Einige Wipfel brachen wie unter jähen Blitzschlägen zusammen. Ein Teil des Waldes brannte, ein grelles, heißes Rot fraß sich durch den schweren Qualm von brennendem Holz und Harz. Nach einer Weile schwieg die feindliche Artillerie, und unser Zug setzte sich wieder in Bewegung. Schneller und schneller glitten Fichten und Sand, Sand und Fichten vorüber. Mit einmal erschütterte der ganze Zug von dem schmetternden Krachen einer krepierenden Granate, deren Sausen das Rattern der Bahn übertäubt hatte. Ein Knirschen von Holz und Eisen. Ein paar Stöße, die wie Faustschläge durch die roten Polster kamen. Eine Scheibe sprang mit peitschenartigem Knall aus dem Rahmen. Der Wagen neigte sich hart rechtsüber, schwankte, stand. Die Granate war unter dem fahrenden Zug in den Bahndamm geschlagen und hatte wie eine Teufelsfaust die Erde unter den heißen Schienen fortgerissen. Der Zug war aus den Gleisen gesprungen und stand mit gefährlicher Neigung über der steilabfallenden Böschung. Ein Maschinengewehr hämmerte aus der Ferne, wo man wohl durchs Scherenfernrohr den Treffer beobachtet hatte, herüber. Tak–ta–tak–tak–tak–ta–tak. . . .

Ernst Wurche hatte gerade am Fenster gestanden und sich rasiert. Mitten in den Strich war das Krachen und Brechen gekommen. Er hob das Messer leicht ab und hielt sich mit der Linken am Gepäcknetz fest. Aus den Nebenabteilen sahen wir die Kameraden, zum Teil hemdärmelig, aus den schwankenden Wagen springen. Mir selbst war ein Koffer und Wäschesack auf den Kopf gefallen und hatten mich vornüber geworfen. Ich rappelte mich wieder auf. Der Zug stand. Ich sah nach Wurche und mußte lachen. Er führte mit dem Messer sauber den unterbrochenen Strich zu Ende, wischte sich den Seifenschaum aus dem Gesicht und sagte seelenruhig: „Na, da können wir wohl auch aussteigen!" Er ließ sich seine fröhliche Ruhe von niemand aus den Fingern schlagen, und es lag nicht in seiner Art, bei einer Panik mit der Seife im Gesicht aus dem Rasierladen zu laufen, wenn noch Zeit war, sie abzuwischen. Gelassenheit war eins seiner Lieblingsworte, in ihr sah er das Wesen menschlicher und männlicher Würde, heitere und lässige Sicherheit lag immer wie ein Glanz über seinem Wesen, und es war in ihr soviel menschliche Anmut wie männliche Würde.

Mit dem „Aussteigen" freilich haperte es. Alle Türen nach draußen und zu den Nebenabteilen waren verkeilt. „Eskaladieren wir!" sagte Wurche und kletterte durch das zersprungene Fenster ins

Freie. Ich warf unsre Gepäckstücke nach und folgte auf demselben Wege. Wir rückten unsre Koffer dicht an die dem Feinde abgekehrte Seite des steil abfallenden Bahndamms und streckten uns daneben in Gras und Sonne. Zwei Stunden später kam von Augustowo her ein Hilfszug und brachte uns mit einiger Verspätung ans Ziel. Rußland hatte uns sein Willkommen entboten.

Im Divisionsstabsquartier von Augustowo wurden wir auf Regimenter und kurz danach in einer Russenkaserne auf Kompanien verteilt. Ich wußte es beide Male einzurichten, daß ich mit Wurche zusammenblieb. Wir kamen beide zur 9. Kompanie eines elsässischen Infanterie-Regiments.

Wir schliefen die Nacht auf Stroh in der russischen Kaserne und wanderten am andern Morgen zu viert in den Mai hinaus nach den Gräben unsrer Kompanien, die ein paar Wegstunden entfernt in festen Stellungen im Walde lagen.

Ein Morgenbad im „Weißen See" gab dem ganzen Tage einen frischen Glanz. Der Weg ging durch Sand und Föhrenwald. Zerstreutes Licht floß in breiten Bahnen durch grüne Wipfel und goldrote Stämme. Dann lag der weite See, von sonnigem Morgendunst überschäumt, vor uns. Pirole schmetterten, Schwalben schossen mit den Schwingen durchs Wasser, Taucher verschwanden vor uns, wie wir am Ufer entlangschlenderten. Nur aus der Ferne kam ein gedämpftes Grollen zu uns herüber und ab und zu das taktmäßige Hämmern eines Maschinengewehrs. „Spechte!" lachte Wurche und ließ Sonne und Wasser über sich zusammenschlagen.

Dann ging es am Augustower Kanal und den Nettawiesen weiter. Bald saß uns der graue Staub der russischen Landstraße in den Röcken. Aber neben dem Wandervogel her, der in Helm und Degen und Ledergamaschen den ausgefahrenen Sandweg hinzog, schritt leicht auf reinlichen Füßen durch feuchtes Wiesengras der Mai und lachte immer heller herüber. Die leise Netta kam bald bis an unsern Weg heran und ließ ihre Wellen und ihr sonniges Mückenspiel vor uns gaukeln, bald entwich sie uns wieder und barg sich in Wiesenschaumkraut und wucherndem Gras. Ich hatte Wurche lange von der Seite angesehen. Zuletzt mußte ich lachen. „Gestehen Sie's nur!" sagte ich, „Sie müssen heut noch einmal ins Wasser?" „Gleich!" sagte er, und wir gingen tief in die federnde Sumpfwiese hinein, warfen die staubigen Kleider von uns und ließen uns von den kühlen, guten Wellen treiben.

Dann lagen wir lange in dem reinlichen Gras und ließen uns von Wind und Sonne trocknen. Als letzter sprang der Wandervogel aus den Wellen. Der Frühling war ganz wach und klang von Sonne und

Vogelstimmen. Der junge Mensch, der auf uns zuschritt, war von diesem Frühling trunken. Mit rückgeneigtem Haupte ließ er die Maisonne ganz über sich hinfluten, er hielt ihr stille und stand mit frei ausgebreiteten Armen und geöffneten Händen da. Seine Lippen schlossen sich zu Goethes inbrünstigen Versen auf, die ihm frei und leicht von den Lippen sprangen, als habe er die ewigen Worte eben gefunden, die die Sonne in ihn hinein und über Herz und Lippen aus ihm herausströmte:

> „Wie im Morgenglanze
> Du rings mich anglühst,
> Frühling, Geliebter!
> Mit tausendfacher Liebeswonne
> Sich an mein Herz drängt
> Deiner ewigen Wärme
> Heilig Gefühl,
> Unendliche Schöne!
> Daß ich dich fassen möcht'
> In diesen Arm! - - -"

Feucht von den Wassern und von Sonne und Jugend über und über glänzend stand der Zwanzigjährige in seiner schlanken Reinheit da, und die Worte des Ganymed kamen ihm schlicht und schön und mit einer fast schmerzlich hellen Sehnsucht von den Lippen. „Da fehlt nur ein Maler!"

sagte einer von uns. Ich schwieg und war fast traurig, ohne sagen zu können warum. Unser Wandervogel aber ließ leicht die Arme fallen und trat mit ein paar raschen frischen Schritten in unsre Mitte. Wir schleuderten uns die letzten Wassertropfen von den Händen und griffen nach unsern Kleidern. Bald schritt mir der Freund wieder im grauen Waffenrock, der die hohe Gestalt knapp und kleidsam umschloß, und mit eingehenktem Degen zur Seite. Der Helmrand umlief die trotzige Form seines eigenwillig gestreckten und prächtig gewölbten Schädels, und wie er mit frei ausgreifendem Schritt den von fernen Donnern leise erdröhnenden Wäldern entgegenschritt, schien er, von Freude und Kraft bebend, begierig in eine klirrende Zukunft zu horchen. ,,Wen du nicht verlässest, Genius, wird dem Regengewölk, wird dem Schloßensturm entgegen singen....!" Wenn ihm nicht die Lippen davon klangen, so klang sein Schritt davon. ,,Tanztüchtig will ich den Jüngling und waffentüchtig." Alte Worte sprangen immer wie junge Quellen an seinem Wege.

Warum ergreift uns alle Schönheit des Lebens, statt daß wir sie ergreifen? Ach, wie der Mensch aus Erde gemacht ist und wieder zur Erde wird, so ist alle Schönheit aus Sehnsucht gemacht und wird wieder zu Sehnsucht. Wir jagen ihr nach, bis sie zur Sehnsucht wird. –

In den Winternächten, die wir in den Gräben vor Verdun zugebracht hatten, war zuweilen ein jäh aufbrandendes und wie eine Sturmflut weiterrollendes Hurra die endlose Front der Schützengräben entlanggebraust. Wenn dieses Hurra in der Ferne verebbte, dann horchten wir Kriegsfreiwilligen ihm nach, und in unserm Horchen war etwas Grimm und Neid. Im Osten geschah alles Heiße, Wilde und Große. Über Rußland stand immerfort eine brandrote Wolke, in der der Donner des Namens Hindenburg grollte, und uns im Westen blieb nichts als Lauern und Warten und Wachen und Gräbergraben, ohne daß wir den Tod von Angesicht sahen, der heimtückisch bei Tag und Nacht in unsere Reihen hieb. Im Osten schritten unsre Sturmkolonnen über Täler und Höhen, und wir lagen wie Maulwürfe unter der Erde und riefen das Hurra zu ihren Siegen.

Als wir an die Ostfront kamen, waren die großen Kämpfe der Masurenschlacht längst zum Stellungskriege erstarrt. Unsere neue Kompanie lag seit Wochen eingegraben am Waldrand einer breiten Sumpfwiese, durch die ein träger Bach, die Kolnizanka, durch Sand und Morast zum Kolnosee schlich. Jenseits des faulen Wassers war wieder Wiese, Sand und Wald, und nur ein paar helle Streifen drüben zeigten, wo der Feind hinter seinen Sandwällen hockte. Ein Stacheldrahthindernis zog sich an unsrer Front entlang und die Nacht hindurch kreiste durch das Drahtgewirr der elektrische Strom, der von Augustowo her in mächtigen Kabeln gespeist wurde. „Draht!" knurrte Leutnant Wurche verächtlich, als wir in der Mainacht nach unsrer Ankunft zum erstenmal die Kompaniefront abgingen, und schlug spöttisch mit einer Gerte gegen die glatten Schutzdrähte am Horchpostendurchlaß. Und so ging er die erste Nacht an dem grauen Verhau hinauf und hinunter wie ein gefangener Tiger an seinem Käfiggitter.

Unsere Grabenabschnitte grenzten aneinander, und wir blieben Nachbarn als Zugführer des zweiten und dritten Zuges oder, wie er sagte, als „Obernachtwächter der Wach- und Schließgesellschaft im Osten". Die russischen Gräben lagen ein paar hundert Meter entfernt, so daß wir uns selbst am hellen Tage frei im Walde hinter unsrer Stellung bewegen konnten. Die russische Artillerie streute wohl dann und wann mit Schrapnells und Granaten unsre Gräben ab, ein Volltreffer schlug sogar einmal meinen Unterstand, als ich gerade die Tür aufmachte, zu einem Scherbenhaufen zusammen, aber alles das ging immer rasch wie ein Mairegen, eine „Husche", vorüber, der Franzose hatte dies Spiel viel besser verstanden, und im ganzen nahmen wir „Iwan den Schrecklichen", wie der Russe bei uns hieß, nicht ganz ernst. Wir haben es später gelernt, ihn zu achten, aber einstweilen ließen wir uns von ihm unsre „Sommerfrische in den Augustower Wäldern" nicht stören. Die Myriaden von Schnaken, die Wälder und Sümpfe ausbrüteten, waren uns lästiger als die Russen hinter ihrem Draht.

Nur wenn es dämmerte und das rote, blaue, bunte Blühen von Fleischblumen, Vergißmeinnicht, Kalla und Federnelken auf der Sumpfwiese draußen im Glanz der Sterne und Leuchtraketen fahl und farblos wurde, trat aus dem dunklen Walde drüben das Abenteuer wie ein schönes Wild und schaute zu uns herüber, die wir an der Brustwehr unsrer dunklen Gräben standen und lauschten. Jede Nacht ging von der Kompanie eine Offizierspatrouille ins Vorgelände, und wir drei Leutnants, ein Mecklenburger, ein Schlesier und ein Thüringer, hatten uns in diesen Dienst zu teilen. Zuweilen gingen wir auch zu zweit mit unseren Leuten hinaus, wenn wir einen besonders guten Fang machen zu können glaubten. Meist aber ging nur einer als Führer. Und es war dann ein seltsames Gefühl, wenn man lauschend an der Brustwehr stand, und draußen im Dunkeln knatterten plötzlich russische und deutsche Gewehre oder das dumpfe Krachen detonierender Handgranaten wurde laut. Das Warten und Wiedersehen solcher Stunden, von denen man nie sprach, läßt Menschen ineinanderwachsen wie Bäume. Viele Worte freilich wurden nie gemacht, und es blieb bei einem Scherz oder Handschlag, wenn der andere hinausging oder wiederkam.

Wie hätten junge Herzen nicht ineinanderwachsen sollen in diesen Frühlingstagen und Frühlingsnächten, in denen sie gemeinsam immer inniger vertraut wurden mit Erde und Luft und Wasser, mit den linden Stunden der Nacht und mit den hellen Stunden der blühenden Tage! Wie leise Sonnenwellen kommen die Erinnerungen an unsern ersten Kriegsfrühling in den Augustower Wäldern zu mir, wo ich auch sein mag. Die linde, junge Gütigkeit, die in ein paar hellen Grauaugen lebte und frisch und warm aus einer lebendigen Menschenstimme klang, brach wie ein helles, starkes Licht durch die Fenster meiner Seele, durchsonnend, was dumpfig war, durchwärmend, was kühl und voll Schatten war. Wie deutlich erhöre ich heute und immer, in die Vergangenheit hineinhorchend, den raschen Schritt des Freundes. Ich sehe ihn schlank und frei durch die Tür in mein helles Fichtenhäuschen treten und sehe eine junge, lebendige Hand Blumen unter das kleine Bild meines gefallenen Bruders legen mit einer frischen, herzlichen Bewegung, in der doch die leise, gute Scheu der Jugend vor der Entschleierung des

Herzens zu spüren ist! Und oft ist mir, ich könne den lieben Gast halten und mit ihm von dem bunten Erleben der hellen Zeit plaudern, in der selbst der Ernst des Krieges sich in Spiel und Freude auflösen wollte. Weißt du noch, Gesell, wie wir über meinen ersten Gefangenen lachten? Im Sumpfbach vor unserm Graben, wo vom letzten Angriff her noch über dreißig tote Russen lagen, war ich auf nächtlichem Patrouillengang ahnungslos auf ihn zugegangen, um dem vermeintlich Toten das Gewehr zu nehmen. Aber es war kein Toter, sondern ein fixer und pfiffiger Moskauer Junge, der zu einer vor uns im Dunkel herflüchtenden Russenpatrouille gehörte. Ohne es zu wissen, hatten wir ihn von seinen Kameraden abgeschnitten und er wollte sich uns noch entziehen indem er sich mitten unter die Toten hockte und in Anschlagstellung wie sie erstarrte. Als ich sein Gewehr fassen wollte, schlug er auf mich an, und mich warf der Schreck fast um, als der Tote plötzlich die Büchse gegen mich hob. Gerade rechtzeitig noch rückte ich ihm meine kleine Mauserpistole an die Stirn, daß er die Waffe wegwarf und uns geduldig nachtrollte. Damit doch auch ein anderer etwas von dem Schrecken abbekäme, schickte ich ihn samt seinem Gewehr, ohne anzuklopfen, in den Unterstand des Leutnants vom ersten Zuge, der sorglos bei der Flasche saß, aber der Mecklenburger ließ

sich nicht verblüffen, sondern hob nach dem verlegen grinsenden Burschen das volle Glas, „Prosit, Iwan –!" Und Iwan taute auf und besah sich die Postkarten unsrer Leute, die den holzverkleideten Graben schmückten, blieb tiefsinnig vor einem bunten Hindenburgbilde stehen und sagte ehrerbietig, „Ah – Chindenburrg!", indem er mit unermüdlich kreisenden Händen um sein Russenhaupt fuhr, um uns das imaginäre Volumen eines fabelhaften Feldherrnkopfes zu veranschaulichen. Darauf von unsern lachenden Leuten nach seinem Landsmann Nikolajewitsch befragt, preßte er den Kopf in die Hände wie ein Schwerkranker und brach in einen Husten aus, der eine höchst schauderhafte Vorstellung von dem Zustand seines Generalissimus gab. . . .
Und weißt du noch, wie die russische Patrouille uns bei Nacht und Nebel ein schön bemaltes Plakat mit der Inschrift „Italiani – auch Krieg!" vor die Drahtverhaue pflanzte? Und wie unsre Leute dann in der nächsten Nacht ein noch schöneres Schild mit der Antwort „Italiani – auch Prügel!" den Russen in eines ihrer eigens zu diesem Zweck gesäuberten Horchpostenlöcher pflanzten, daß sie den ganzen Tag über wütend danach schossen?
Weißt du noch, wie wir im Unterstande zusammensaßen, während die russische Artillerie mit grobem Geschütz unsern Graben absuchte? Wie unter

dem Luftdruck der in der Nähe krepierenden schwerkalibrigen Geschosse die zwei- und dreimal wieder angezündete Lampe dreimal auslosch? Und wie wir zu viert im Dunkel saßen, und unsere Zigaretten warfen einen Glimmerschein über die Gesichter, und wir lachten, „Iwan bläst uns die Lampe aus!"?

Weißt du das alles noch, Lieber? Und weißt du auch noch, wie du einen mächtigen bombensichren Unterstand für zwei Gruppen deines Zuges aus Hunderten von schweren Fichtenstämmen und Bergen von Sand gebaut hattest? Und wie wir dann dem Neubau die sinnige Türinschrift gaben: „Selig, wer sich vor der Welt ohne Haß verschließt?" Und weißt du noch, wie du singend vor der zum Bad nach den Nettawiesen marschierenden Kompanie herzogst und wie du mit uns ganze Nachmittage im Wasser vertolltest? Weißt du das noch, du Wandervogel, der den Widerwilligsten zum Mitsingen zwang und den Wasserscheusten im Wasser zum Lachen brachte?

Weißt du noch, wie das faule Holz im Walde um unsre dunklen Gräben leuchtete? Und wie Myriaden von Junikäfern die Sumpfwiese zwischen uns und dem Feinde nächtlicherweile zum Märchenland machten? Und wie aus dem Drahthindernis die blauen Funken ins nasse Gras hinüber- und hinunterzuckten wie die schillernden Schuppen einer glitzernden Schlange, die unermüdlich kreisend durch das graue Verhau lief, immer bereit zum tödlichen Bisse?

Weißt du noch, wie wir im hellen Sand der sonnigen Waldlichtung hinter unsern Gräben Zirkel ritten? Wie du reiten lernen wolltest wie ein Kosak; denn das seien die sieben ritterlichen Künste der neuen deutschen Jugend: Singen, Wandern, Turnen, Schwimmen, Fechten, Tanzen und Reiten -? Und war doch ebensoviel Ernst in deiner Freude wie Freude in deinem Ernst! Auch was du mit Lachen triebst, war mehr als Spiel. Ein Stück Leben war alles, was du sprachst und tatst, und ein heller, klarer, gesammelter Menschenwille schmiedete alle Stücke zu einem werdenden Kunstwerk zusammen.

Wenn der junge Führer mit seinen Leuten auf nächtliche Streife auszog, so arbeitete ein frischer, beherrschter Wille unermüdlich und unnachgiebig an den Menschen, die er führte. Wollten sie ihm, im Dunkel plötzlich vom Feuer russischer Gewehre überfallen, aus der Hand geraten, so zwang er sie wieder bis auf den Punkt zurück, den sie eigenmächtig verlassen hatten. Aber er selbst ging immer als erster voraus und kroch als letzter zurück.

Als die unsicheren und baufälligen Unterstände seines Zuges durch neue ersetzt wurden, ließ er die Arbeit an seinem eigenen Unterstand bis zuletzt liegen. Ohne Lärm und schimpfendes Dreinfahren wußte er alle Hände in Tätigkeit zu halten. Er war beim Fällen und Schleppen der schweren Stämme dabei und verteilte die Kräfte. Er lehrte Stempel setzen und Unterzüge einfügen, Deckbalken verknüpfen und federnde Reisigdeckungen aufhäufen, wie er's in Frankreich gelernt hatte. Selbst sauber an Seele und Leib, erzog er seinen Leuten die Freude an Sauberkeit und schmucker Ordnung an, unauffällig und ohne viel Worte sie durch frisches Handeln gewöhnend. Nicht weniger als die Arbeit lag ihm die Ruhe seiner Leute am Herzen, und als jüngster Offizier der Kompanie wußte er's durchzusetzen, daß den Mannschaften Sonntagsruhe geschenkt wurde. In seinen Briefen an Eltern und Schwester erbat er immer wieder Bücher für den Feierabend seiner Leute und wählte die Bücher selbst nach den Erfahrungen, die er in Frankreich als Kamerad unter Kameraden gemacht hatte.

Er kannte in vierzehn Tagen jeden Mann seines Zuges nach Namen und Beruf, er wußte, ob einer verheiratet war und wieviel Kinder er hatte, er kannte eines jeden Sorgen und Hoffnungen und verstand dem Stillsten die Zunge zu lösen. „Das Herz seiner Leute muß man haben", sagte er, „dann hat man ganz von selbst Disziplin."

Nach dem Dienste, in stillen Abendstunden, zündeten wir die kleinen Lichter in den farbigen Papierlaternen unserer Holzhütten an und plauderten oder lasen. Oft brannten uns die Kerzen dabei, ohne daß wir's merkten, nieder, und durch das Glasdach meines Sommerhäuschens, das ganz aus schlanken, moosverfugten Fichtenstämmchen gezimmert war, brach Mond- und Sternenlicht über uns herein.

Dann lebten Goethes Lieder auf, oder Zarathustras trotzige Reden zerbrachen die Stille, oder aus den Versen des Neuen Testaments, das er gern griechisch las, floß die Schönheit ewiger Worte geruhig über uns hin. In solchen Stunden wachte in dem Soldaten der junge Gottesstudent auf, und seine Seele streifte, frei und leicht zwischen beiden Welten wandernd, dunklen Schönheiten und hellen Wahrheiten nach. „Im Gebete sollen wir nicht mit Gott, Gott soll mit uns kämpfen", sagte er einmal. „Das Gebet ist ein Selbstgespräch mit dem Göttlichen in uns, es ist ein Gespräch mit dem Gotte und ein Kampf mit dem Menschen in uns um die Bereitschaft der Seele."

Willfährigkeit gegen das Göttliche und Wehrfähigkeit gegen das Menschliche, das gab seinem Wesen Reife und Anmut. Was er unter Bereitschaft der Seele verstand, sprach er ein andermal aus: „Wenn es Sinn und Aufgabe des Menschenlebens

ist, hinter die Erscheinung des Menschlichen zu kommen, dann haben wir durch den Krieg unser Teil am Leben mehr als andere dahin. Wenige sehen wie wir hier draußen so viel Hüllen sinken, wenige haben so viel Niederträchtigkeit, Feigheit, Schwachheit, Selbstsucht und Eitelkeit, wenige so viel Würde und schweigsamen Seelenadel gesehen wie wir. Wir können vom Leben nicht mehr fordern, als daß es sich uns entschleiert; darüber hinaus ist keine menschliche Forderung. Uns hat das Leben mehr als vielen gegeben, warten wir ruhig ab, ob es auch mehr von uns zu fordern hat!"
An Zarathustra gefiel ihm der schwingentragende Gedanke, daß der Mensch ein Ding sei, das überwunden werden muß. Immer war seine Seele auf der Streife nach dem Ewigen. Auch in Sachen seines Volkes scheute er sich nicht, der Vergänglichkeit ins Auge zu sehen. Menschen und Völker, beide waren ihm vergänglich und ewig zugleich. Darum liebte er mit Herzlichkeit Gottfried Kellers „Fähnlein der sieben Aufrechten" mit seinem unvergleichlich schönen und rührenden Gespräch der Schweizer Bürger über den fernen Tod und die Hinterlassenschaft ihres Volkes. Die Klarheit und Lieblichkeit dieser schönsten Novelle hat uns unendlich oft erquickt und unsre Herzen fröhlich und unsre Lippen beredt gemacht wie junger Wein. Wenn dann mitten in dem Frühling bunter

Bilder Meister Kellers nachdenkliches und geruhiges Wort vom Tode der Völker aufklang, dann war's, als ob eine dunkle, tiefe Glocke in der Stille zu tönen anhöbe, und unsre Herzen schwangen in dem Ewigkeitsklange mit: „Wie es dem Manne geziemt, in kräftiger Lebensmitte zuweilen an den Tod zu denken, so mag er auch in beschaulicher Stunde das sichere Ende seines Vaterlandes ins Auge fassen, damit er die Gegenwart desselben um so inbrünstiger liebe; denn alles ist vergänglich und dem Wechsel unterworfen auf dieser Erde. Oder sind nicht viel größere Nationen untergegangen, als wir sind? Oder wollt Ihr einst ein Dasein dahinschleppen wie der ewige Jude, der nicht sterben kann, dienstbar allen neu aufgeschossenen Völkern, er, der die Ägypter, die Griechen und Römer begraben hat? Nein! ein Volk, welches weiß, daß es einst nicht mehr sein wird, nützt seine Tage um so lebendiger, lebt um so länger und hinterläßt ein rühmliches Gedächtnis; denn es wird sich keine Ruhe gönnen, bis es die Fähigkeiten, die in ihm liegen, ans Licht und zur Geltung gebracht hat, gleich einem rastlosen Manne, der sein Haus bestellt, ehe denn er dahinscheidet. Dies ist nach meiner Meinung die Hauptsache. Ist die Aufgabe eines Volkes gelöst, so kommt es auf einige Tage längerer oder kürzerer Dauer nicht mehr an, neue Erscheinungen harren schon an der Pforte ihrer

Zeit! So muß ich denn gestehen, daß ich alljährlich einmal in schlafloser Nacht oder auf stillen Wegen solchen Gedanken anheimfalle und mir vorzustellen suche, welches Völkerbild einst nach uns in diesen Bergen walten möge? Und jedesmal gehe ich mit um so größerer Hast an meine Arbeit, wie wenn ich dadurch die Arbeit meines Volkes beschleunigen könnte, damit jenes künftige Völkerbild mit Respekt über unsere Gräber gehe!" Ich sehe Ernst Wurche noch vor mir, wie er einmal das schmale Heftchen bei seiner schönsten Stelle sinken ließ und über den Rand der Seiten träumte. „Nur den Strohtod", meinte er, „den möchte man seinem Volke gern erspart sehen. Aber fast alle Völker sind den Strohtod gestorben. Der Gedanke an den Heldentod eines Volkes ist nicht schrecklicher als der an den Schwerttod eines Menschen. Nur das Sterben ist häßlich bei Menschen und bei Völkern. Aber wenn ein Mann den tödlichen Schuß, der ihm das Eingeweide zerreißt, empfangen hat, dann soll keiner mehr nach ihm hinsehen. Denn was dann kommt, ist häßlich und gehört nicht mehr zu ihm. Das Große und Schöne, das heldische Leben ist vorüber. So muß es auch sein, wenn ein Volk in Ehren und in Größe seinen Todesstreich empfangen hat, – was danach kommt, darf niemand mehr seinem Leben zurechnen, es ist kein Teil davon ...." Aus seinen Worten klang so viel Jugend und Tapferkeit, daß ich am liebsten seine Hand gepackt und herzhaft geschüttelt hätte.

Die tiefe Ehrlichkeit, mit der er alles erlebte, ansah und überdachte, brachte ihn oft in einen fast drolligen Zorn, wenn wir eins der gutgemeinten und in Massen ins Volk geworfenen Bücher durchliefen, in denen dieser oder jener berühmte Publizist seine Eindrücke an der deutschen Front gesammelt hatte. Die rosa Schminke verdroß ihn, wo er sie sah. „Wenn man doch die Phrase von dem allgemeinen Heldentum der Masse lassen wollte", sagte er einmal. „Als ob es nicht ebenso gut klänge, wenn man ehrlicher, ruhiger und wahrer von dem Vorherrschen des Sinnes für Pflicht, Gehorsam und Treue im Volk spräche. Helden sind Ausnahmen, sonst brauchte man nicht von ihnen zu reden." Der Sinn für Schlichtheit saß ihm tief im Blute, Schönfärberei und Phrase war ihm verhaßt.

Diese Scheu vor der Oberflächlichkeit konnte ihn je nach der Umgebung einsilbig machen oder beredt. Und darum schien ihm das Zwiegespräch mit Recht die schönste Unterhaltung; denn kein andres Gespräch vermag so wie dieses ohne Sprunghaftigkeit ruhig in klare Tiefen zu steigen. Manches liebe und nachdenksame Wort, in stillen Nachtstunden von junger Menschenhand geschürft, ist mir seither ein Stück von der Habe des

Herzens geworden. Keins aber leuchtet heller nach als jenes, mit dem er einmal an der Brustwehr seines Grabens ein nächtliches Gespräch über den Geist des Wandervogels schloß: „*Rein bleiben und reif werden* – das ist schönste und schwerste Lebenskunst."

Die Wandervogeljugend und das durch ihren Geist verjüngte Deutschtum und Menschentum lag ihm vielleicht zutiefst von allen Dingen am Herzen, und um diese Liebe kreisten die wärmsten Wellen seines Blutes. Ihm, dem selber Leib und Seele frei und ebenmäßig zu natürlicher Schönheit wuchsen, schien die beste Erziehung zu sein, den jungen Baum leicht und geruhig wachsen zu lassen, sich seines Blühens zu freuen und ihm, wenn's not tat, einmal die Blätter zu waschen. Er verschloß seine Augen nicht vor häßlichen Auswüchsen der großen Jugendbewegung. „Aber", meinte er, „die meisten Auswüchse kommen von dem sinnlosen Betasten und Beklopfen des jungen Holzes. Ein eingeschnürtes Stämmchen muß unnatürlich wuchern, auch wo es nicht will. Rührte man nicht immer und immer mit knöchernem Finger an das Feinste und Beste der werdenden Seele, an ihre Unbefangenheit, so würde ihr schönster Schmelz, die Bescheidenheit, nicht so oft zerstäuben. Wer die Kampflust der Jugend reizt, macht sie hochmütig und laut, und wer sie ungeschickt anfaßt, der macht sie häßlich. Natürliche Jugend ist immer bescheiden und gütig und dankbar für herzliches Gewähren, aber wer sich, ohne Ehrerbietung wecken zu können, ans Erziehen macht, soll sich nicht wundern, wenn er Frechheit und Grausamkeit weckt."

Den Kampf der deutschen Jugend um das gute Recht ihres natürlichen Wachstums verfolgte er mit der gleichen inneren Leidenschaft wie das Ringen der Völker, das ihn nun seit Monaten in seinem Strudel umtrieb. Von seinem Leutnantsgehalt schickte er fleißig an die Wandervögel daheim auf Schule und Hochschule. „Denn die Kriegskassen der Jugend muß man füllen helfen", lachte er. Und kamen dann Briefe mit ungelenken Buchstaben und schrägen, drängenden Zeilen, oder es kamen die gelben Hefte des „Wandervogels" mit ihren schwarzen Schattenbildern und bunten Fahrtenbriefen, dann trat ihm beim Lesen die Seele in die Augen. Auch seinen Geschwistern schickte er Geld „zum Wandern", und immer wieder zog seine Seele, frohherzig lauschend, dem fernen Klang der unter einem Wirbel von Liedern wandernden Jugend nach. Er schaute lächelnd dem Kahne nach, der seine Geschwister mit ihrem gastfreundlichen Pfarrherrn durch den rosigen Abendfrieden der schimmernden Seebreite trug, und lachte sein leises, gutes Schelmenlachen, wenn die Posaune des Pfarrherrn sich vor den gläubigen, jungen Augen zur Seele des zarten Abendfriedens machte, einer gewaltigen Seele, die ihren leichten Körper dröhnen und beben machte. Es kamen auch andere Briefe, die ihn still und einsilbig machten und ihm das Warten und Lauern hinter dem Drahtzaun zur Qual werden ließen. In Flandern und Galizien legten fremde Hände seine besten Fahrtgesellen ins Grab. „Ich habe so viele gute Freunde zu rächen –" stieß er einmal ingrimmig hervor. „Rächen – ?" fragte ich. „Würden Sie selber gerächt sein wollen?" Er sah nachdenklich mit zusammengezogenen Brauen zu den russischen Gräben hinüber und antwortete langsam und vor innerer Bewegung an den Worten zerrend: „Nein. Ich nicht. Aber die Freunde ...." Ich nicht, aber die Freunde – da reckte sich Mensch neben Mensch in *einem* engen Herzen auf. Ich stand neben ihm und schwieg. Nach einer Weile schob er seinen Arm in meinen und sprach, indem er mir nah und fest ins Auge sah:

> „Der Stahl, den Mutters Mund geküßt,
> Liegt still und blank zur Seite.
> Stromüber gleißt, waldüber grüßt,
> Feldüber lockt die Weite! –

Das *ist doch* schön, nicht wahr, mein Freund!" Und so machte sein junges Herz die heiße Eisenprobe auf das, woran es als gut und schön glaubte. Und zugleich gab es Dank und Freundschaft an ein anderes Herz, das ihm brüderlich nahe war.

Seine Freundschaft ließ er mehr spüren, als daß er sie aussprach. Er eröffnete sein und des andern Herz in dem gleichen, freien Vertrauen, ohne Dringlichkeit und Überschwang. Das erste Exemplar meines Kriegsbuches „Sonne und Schild" schenkte ich ihm, und als er's gelesen, sagte er nichts als: „Ihre Mutter möchte ich kennen lernen, Flex. Ich darf sie doch nach dem Kriege besuchen, nicht wahr?" – – –

Allmählich war der süßherbe Frühlingsgeruch alten Laubs und junger Erde in den schwülen Brodem sommerheißer Sümpfe und den Dunst abgeblühter Wasser übergegangen. Die jungen Krähen, die unsre Leute aus den Horsten der Föhrenwipfel zur Kurzweil heruntergeholt hatten, stolzierten längst groß, frech und struppig mit gestutzten Flügeln auf der Brustwehrkrone unsres Grabens entlang, krakeelten mit den Posten, hieben mit den dreisten Krummschnäbeln nach den blanken Mündungen der Gewehrläufe oder revidierten die Kochgeschirre und Trinkbecher bei den Ruhebänken der Mannschaften. Im heißen Sande sonnten sich Kreuzottern und Kupfernattern, die den Fröschen auf der kühlen Grabensohle nachstellten. Der wunde und ausgeholzte

Wald strömte starken Harzgeruch aus. Die Sumpfwiesen wucherten von fettem Grün, und von den sonnentrocknen Moorbreiten schwelten rote Torfbrände durch die weißen Juninächte. Die Luft glimmerte und zitterte tagsüber von Sonne, und rasch heraufziehende Gewitter entluden sich krachend über den schwankenden Föhrenkronen.
Von Galizien grollten die Donner neuer gewaltiger Kämpfe herüber, und in die Riesenglieder der Hindenburgarmee, die in eiserner Ruhe erstarrt schienen, kam ein Recken und Strecken, bis die endlose Front von lärmendem Kampfgetöse erdröhnte. Wir lagen noch immer abwartend hinter unsren Verhauen, aber wir lauerten nur noch auf den Befehl zum Vorbrechen. Auf nächtlichen Streifzügen zum Feinde hatten wir schon Papierfahnen mit der schadenfrohen Nachricht vom Fall Przemysls und Lembergs an die russischen Drahtverhaue geheftet, und wir wußten, daß diese Meldungen auch für uns heute oder morgen zu Angriffsfanfaren werden mußten.
Aber ehe uns der wachsende Strom des großen Kampfes erfaßte und in seinen Strudeln fortriß, wurden uns noch ein paar klare, glückliche Tage geschenkt, deren Bild aus der Vergangenheit herüberleuchtet wie der Schimmer von fernen, schönen, hellspiegelnden Seen. Unsre Kompanie wurde zu Anfang des Juli auf fünf Tage aus den Gräben

gezogen und kam unter Laubhütten und Zelten tiefer im Walde in Ruhestellung. Der Zufall wollte, daß in diese Zeit mein Geburtstag fiel, und der Freund half den Tag feiern, nicht mit vollen Gläsern und Liederlärmen, sondern in seiner Art mit Sonne, Wald und Wasser und dem Ewigkeitsklang uralt schöner Worte, die sich auf jungen Lippen verjüngten und beseelten. Der waffenlose, wolkenlose Feiertag des sechsten Juli wurde ganz ein Geschenk seines frischen Herzens an das meine. Als die Sonne am höchsten stand, gingen wir aus dem Schatten der roten Föhren zu den Nettawiesen hinunter. Die Sonne badete im tiefsten Blau des vom Nachtgewitter erfrischten Himmels und überspiegelte mit feuchtem Glanze die hellschimmernden Flußwindungen und den fern in stählernem Blau aufblendenden Schild des Sajno-Sees. Das Licht troff durch das vollsaftige Grün der strotzenden Pappeln und Weiden, und über dem wuchernden Gras der weiten Koppeln flimmerte die Luft und zitterte unter dem Atem der erwärmten Erde. Wir warfen die Kleider am Netta-Ufer ab und badeten. Mit dem Strome trieben wir in langen Stößen hinab, schwammen gegen den Strom zurück, daß sich uns das Wasser in frischem Anprall über die Schultern warf, und stürzten uns immer aufs neue von der sonnenheißen Holzbrücke, die gegen die Sohlen brannte, kopfüber in weitem Sprung in den Fluß. Auf dem Rücken trieben wir geruhig stromab und liefen auf dem lauen Sande am Schilfufer zurück. Im buntwuchernden Wiesenkraut ließen wir uns von Sonne und Wind trocknen, und die leisen, zitternden Sonnenwellen rannen gleichmäßig durch Luft und Sand und Menschenleib und durchgluteten alles Lebendige mit trunkener Kraft und erschlaffender Freude.

>Die Wiese schäumt von Blüten,
>Der Wind singt drüber hin,
>Den sonnenlichtdurchglühten
>Leib bad' ich kühl darin.
>
>Du freie Gottesschmiede,
>Du lohe Sonnenglut,
>Inbrünstiglich durchglühe
>Leib, Seele, Herz und Blut!
>
>Ins Glühen unermessen
>Und Blühen eingewühlt
>Will ich den Tod vergessen,
>Der alle Erde kühlt.
>
>Glüh', Sonne, Sonne, glühe!
>Die Welt braucht soviel Glanz!
>Blüh', Sommererde, blühe,
>Ach blühe Kranz bei Kranz!

Geschützdonner grollte von fern herüber, aber die Welt des Kampfes, dem wir auf Stunden entrückt waren, schien traumhaft fern und unwahr. Unsre Waffen lagen unter den verstaubten Kleidern im Grase, wir dachten ihrer nicht. Eine große Weihe kreiste unermüdlich über der weiten schimmernden Tiefe grüner Koppeln und blauer Wasser; an ihr, deren schlanke Schwingen in weitem, prachtvollem Schwunge zu lässigem Schweben ausholten, hingen unsre Blicke. War es der Raubvogel, der die Seele des jungen Menschen neben mir emporriß in freier Gottesfreude? Der Wandervogel, der einst in deutschem Gotteshause eingesegnet worden war mit dem seiner Seele ebenbürtigen Spruch: „Die auf den Herren harren, kriegen neue Kraft, daß sie auffahren mit Flügeln wie Adler!", der junge Gottesstudent fühlte seiner Seele die Schwingen wachsen von jener ewigen Kraft, die „deinen Mund fröhlich macht, daß du wieder jung wirst wie ein Adler", und frei und leicht hob er sich und den Freund empor über die hellen Tiefen der bunten Erde. Der junge Mensch stand schlank und hell auf dem blühenden Grunde, die Sonne ging schimmernd durch seine leichtgebreiteten Hände, und die Lippen, die so oft von Goethes Liedern überflossen, strömten den uralt heiligen Wohlklang der Psalmen Davids über den sonnentrunkenen Gottesgarten hin:

„Herr, mein Gott; du bist sehr herrlich!
Du bist schön und prächtig geschmückt!
Licht ist dein Kleid, das du anhast!
Du breitest aus den Himmel wie einen Teppich.
Du wölbest es oben mit Wasser.
Du fährst auf den Wolken wie auf einem Wagen
und gehest auf den Fittichen des Windes.
Du machst deine Engel zu Winden
und deine Diener zu Feuerflammen,
der du das Erdreich gründest auf seinem Boden,
daß es bleibt immer und ewiglich.
Die Ehre des Herrn ist ewig.
Der Herr hat Wohlgefallen an seinen Werken.
Er schauet die Erde an, so bebet sie . . . .
Ich will dem Herrn singen mein Leben lang
und meinen Gott loben, solange ich bin.
Meine Rede müsse dem Herrn wohlgefallen.
Ich freue mich des Herrn!"

Das ewige Preislied Gottes aus seiner Schöpfung ging über die reife, in ihren Tiefen erwärmte Erde hin. Der Wohlklang der jungen Stimme umlief wie ein tönendes Kristall den klaren Wein der ewigen Worte. Der ebenmäßige Mensch in seiner jungen Schlankheit stand selbst wie ein Dankesmal der Schöpfung in dem hellprangenden Gottesgarten, und von seinen frischen Lippen ging ein Hauch religiösen Frühlings über Erde und Menschen hin.

Über die weiten Koppeln hin stob der übermütige. Galopp sattelloser Pferde. Stuten und Fohlen weideten auf den Nettawiesen. Im Wasser und an den grünen Ufern des Flusses wimmelte es von den hellen Leibern badender Soldaten, die lichten Breiten der Netta schäumten von Wasser, Sonne und ausgelassenem Lachen. Die ewige Schönheit Gottes prangte über dem weiten Gottesgarten und leuchtete als Sonne und Schild über dem hellen Bilde des Jünglings . . . .

Über den Lärm und Glanz aller Kämpfe und Siege hin glänzt das Bild dieser Stunde in mir nach als der stärkste Eindruck, den ich mit Seele und Sinnen im Leben empfangen habe.

Aber am Abend des Tages stand derselbe Mensch im grauen Waffenrock neben mir auf dem dunklen Hochstand im Wipfel einer Doppelfichte, von wo tagüber unsre Baumposten das Kampfgelände mit Ferngläsern absuchten, und ließ spielend den roten Mond im hellen Stahl seines breiten Seitengewehrs spiegeln. Seine rechte Hand glitt in leiser Unruhe prüfend an der Schneide entlang, und Auge und Hand freuten sich, wie so oft, an der römischen Form der blanken Waffe. Mit leicht vorgestrecktem Kopfe horchte er nach dem Dunkel der russischen Gräben hinüber, über denen die wachsamen Leuchtkugeln stiegen und sanken. Hinter den schwarzen Holzhütten von

Obuchowizna glomm die rote Glut eines Torfbrandes, und schwarzer Ruß flockte in Wolken über den fackelhellen Himmel. Wir sprachen, ins Dunkel der Riesenfichte geschmiegt, von den Kämpfen, denen wir entgegengingen. „Einen echten und rechten Sturmangriff zu erleben", sagte der junge Leutnant neben mir, „das muß schön sein. Man erlebt vielleicht nur einen. Es muß *doch* schön sein." Und schwieg wieder und blickte auf den breiten Stahl in seinen Händen nieder. Mit einmal legte er mir den Arm um die Schulter und rückte das helle Schwert vor meine Augen: „Das ist *schön* mein Freund! Ja?" Etwas wie Ungeduld und Hunger riß an den Worten, und ich fühlte, wie sein heißes Herz den großen Kämpfen entgegenhoffte. Lange noch stand er so, ohne sich zu rühren, mit leicht geöffneten Lippen im heller werdenden Mondlicht, das über die breite Klinge in seinen hellen Händen floß, und schien auf etwas Fremdartiges, Großes und Feindseliges zu lauschen, das im Dunkel verhohlen war. Wie er so wach und durstig in eine nahe, waffenklirrende Zukunft hineinhorchte, schien er mir wie das lebendig gewordene Bild des jungen Knappen, der in der Nacht vor der Schwertleite ritterliche Wacht vor seinen Waffen hält.

An diese seltsame, dunkle Stunde wurde ich erinnert, als ich vor Weihnachten die Mutter des

gefallenen Freundes in seiner Heimat besuchte. Nach einer Weile des Schweigens fragte sie mich leise: „Hat Ernst vor seinem Tode einen Sturmangriff mitgemacht?" Ich nickte mit dem Kopfe. „Ja, bei Warthi." Da schloß sie die Augen und lehnte sich im Stuhle zurück. „Das war sein großer Wunsch", sagte sie langsam, als freue sie sich im Schmerze einer Erfüllung, um die sie lange gebangt hatte. Eine Mutter muß wohl um den tiefsten Wunsch ihres Kindes wissen. Und das muß ein tiefer Wunsch sein, um dessen Erfüllung sie noch nach seinem Tode bangt. Oh, ihr Mütter, ihr deutschen Mütter! – –
Wißt ihr nun, ihr, die ihr diesen Tag nacherlebt habt, von dem ich redete, wißt ihr nun, was es heißt, Wandrer sein zwischen beiden Welten? ...
In den letzten Tagen des Juli löste uns ein Landwehrregiment in den Gräben vor Augustowo ab. Mit übermütig vollen Herzen lasen wir den Ablösungsbefehl. Wenn auch das Marschziel geheim gehalten wurde, so wußten wir doch, es ging ins Gefecht, es wurde Ernst. Aber wir wollten nicht klanglos aus den liebgewordenen Wäldern marschieren. Auf einer ausgelassenen Abschiedspatrouille sagten wir nächtlicherweile den russischen Muschiks Lebewohl, mit denen wir so lange feindnachbarlich zusammen gehaust hatten. Mit roten und blauen Papierlaternen aus unsern

Unterständen und langen Hakenstangen schlichen wir im Dunkel über den Kolnobach und krochen an die feindlichen Verhaue an. Dort schafften wir uns mit den flinken Handspaten im lockern Sande eine Kugeldeckung, hingen die bunten Lampen an die Stangenhaken und zündeten sie in tiefen Wühllöchern gleichzeitig an. Auf ein leises Kommando schwebten die hellen Laternen, rot und blau aufleuchtend, über den russischen Verhauen empor und standen dort festlich und feierlich still. Zugleich erhob sich, von einem Dutzend frischer Stimmen gesungen, die Wacht am Rhein und schwoll über die Russengräben hin. Die aus dem feindlichen Dunkel knatternden Salven taten den Sängern hinter ihren guten Sandhaufen wenig, nur daß hier und da einer lachend den Sand aus den Zähnen spuckte, den die über die Deckung streifenden Kugeln in den offenen Mund peitschten. Die blaue Lampe erlosch und fiel, von ein paar Kugeln zerfetzt, von der Stange. Aber die roten Laternen hielten sich um so wackerer, nur daß sie eben ein paarmal im Kugelwind schwankten und flackerten. Mählich wurde, während Gesang und Gelächter unbekümmert fortklangen, der ganze Russenwald rebellisch, aber je wütender aus den Gräben geschossen wurde, desto sicherer wußten wir, daß keine stärkere Patrouille gegen uns vorging, um den nächtlichen Unfug an den Stacheldrähten zu bestrafen. Leuchtkugeln flogen steilauf, hielten sich ein Weilchen flackernd in schwebender Helle, sanken nieder und erloschen blakend neben uns im Sande; sie wurden mit Hallo als Bereicherung des nächtlichen Feuerwerks begrüßt. Allmählich ließ das Schießen nach, und es war wohl an der Zeit, die kleine Patrouille zurückzunehmen, ehe sie von stärkeren russischen Kräften ausgehoben würde. Denn Verluste durfte der nächtliche Unfug nun einmal nicht kosten. Aber kaum wollte ich den Befehl zum Rückzug geben, da wälzte sich ein junger Kriegsfreiwilliger im Sande blitzschnell mit dem Gesicht nach mir herum und bettelte: „Herr Leutnant – Musketier sein's lust'ge Brüder!" Und eh' ich noch antworten konnte, fielen zehn Stimmen und mehr, sich vor Übermut überschlagend, in den Text des braven Soldatenlieds ein. Dagegen war nichts zu machen. Ich fügte mich und beschränkte mich darauf, die Augen wachsam spazieren zu lassen, während die guten Kerls Vers um Vers heruntertobten. Das neu einsetzende russische Feuer beruhigte mich zudem; die Russen schienen keine Lust zu haben, der frechen Gesellschaft, die ihnen vor der Nase lärmte, handgreiflich auf den Pelz zu rücken. Das längste Lied nimmt einmal ein Ende, auch ein Soldatenlied. Aber meine Hoffnung erwies sich als trügerisch, denn nach dem „lustigen

Musketier" schien meinen grauen Jungs das Lied von der „finsteren Mitternacht" als unabweisliches Bedürfnis. „Herr Leutnant – Steh' ich in finstrer Mitternacht! – ?" Mochte vernünftig sein, wer wollte, angesichts solcher Schuljungenlustigkeit nach zwölf Kriegsmonaten! Ich blieb bäuchlings im Sande liegen und lachte, während meine Kerls immer wütender sangen und Sand spuckten. Zwei rote Papierlaternen hielten sich unvergleichlich trotz alles Flackerns und Baumelns. Aber alles muß einmal ein Ende nehmen, und so setzte ich allen weiteren Programmvorschlägen ein eisernes Nein entgegen und ließ die Leute einzeln bis zur nächsten Wiesenschlenke zurückkriechen, wo wir uns in Deckung sammeln konnten. Nach weiteren hundert Metern sprangen wir auf und machten, daß wir über den Bach zurückkamen. Gottlob, es bekam keiner etwas ab trotz der Abschiedsgrüße, die fleißig hinter uns dreinpfiffen. In unseren Gräben mußten wir noch einmal über das sorgenvolle Gesicht des Kompanieführers lachen, der bereits dem Unterabschnittskommandeur telephonisch das Auftauchen roter Signallichter in der russischen Stellung gemeldet hatte und nun etwas verdutzt unsre Patrouillenmeldung entgegennahm. Viel Zweck hatte der übermütige Streich nicht, aber es war doch ein hübsches Zeichen für den Geist, mit dem unsre Leute nach wochenlangem Stilliegen in den Bewegungskrieg gingen.

Andern Tags erwarteten wir die Ablösung. Noch einmal streiften wir zu zweit, den Mückenschleier unter der Feldmütze, durch den würzigen Harzduft und schweren Torfgeruch der Sumpfwälder und schlenderten bis zu den Nettawiesen. Am Waldrand im heißen Sand gelagert, hörten wir die Schnaken singen und die Spechte hämmern. Das keifende Geschwätz der Eichelhäher lärmte uns zu Häupten, und die schillernden Blauspiegel ihrer Flügel leuchteten blank zwischen den sonnenroten Stämmen auf, wie sie in ungeschicktem Schlingerflug von Lichtung zu Lichtung herauf- und hinunterstoben. Die papageienbunten Mandelkrähen schwangen sich über das dunkle Grün der Fichten und ließen die Sonne in ihrem farbigen Gefieder aufblenden. Fern hinter dem breiten Stahlschilde des Sajno-Sees verdämmerten im Sonnendunst des Horizonts violette Zichorienfelder und die weißen Teppiche üppig blühender Margaretenwiesen. Die blaue Netta gluckte leise aus prangendem Grün und buntem Schaumkraut herüber.

Am Spätabend rauschte und klirrte der Marsch der ablösenden Landwehrkompanie durch den stillgewordenen Wald. Mit den Unterständen und Gräben zugleich übernahmen die Landwehrleute von unsern Musketieren das lebendige Erbe der zahmen Krähen und halbflüggen Blauraken. Gute Wünsche herüber und hinüber, dann rückte die Kompanie ab. Im Waldesdunkel intonierte die Kompaniekapelle, deren Instrumente zumeist sehr sinnreich aus Blechbüchsen und Telephondraht hergestellt waren, das „O Deutschland, hoch in Ehren!", und Gruppe um Gruppe fielen die Mannschaften ein. Unter Lachen und Singen ging es der ungewissen Zukunft entgegen.

Die Nacht verbrachten wir auf Stroh in den Russenkasernen von Augustowo. In den nächsten Tagen ging's über Suwalki nach Kalvarja weiter. Auf diesen ersten Märschen, die den im monatelangen Stellungskrieg eingerosteten Knochen der Leute recht sauer wurden, erwies sich der junge Wandervogel als frischer Helfer. Ohne viel Ermahnen, Schelten und Antreiben wußte er durch ein rasches Scherzwort hier und dort einen niederhängenden Kopf zu heben, während er mit leichtem, festem Schritt an der marschierenden Kolonne herauf- und herunterging. Bot ihm einer der berittenen Offiziere während des Marsches ein Pferd an, so schlug er's aus; als Zugführer marschierte er mit seinen Leuten. Von einem Gaul herunter, der ihm nicht zustand, die müden Gruppen anzutreiben, das lag ihm nicht. Etwas Festes und Festliches war immer in seinem Gang, das jeden gern nach ihm hinschauen ließ. Unweit Kalvarja wurden die

Marschkolonnen des Bataillons von der russischen Artilleriebeobachtung bemerkt, und über die auf kurze Strecke eingesehene Straße fegten krachend die Sprengladungen berstender Schrapnells. Hart neben den ziehenden Kolonnen schleuderten einschlagende Granaten die schwarze Erde baumhoch empor und wühlten mächtige Trichter auf. Die Kompanien wichen dem Feuer in den Sumpfbruch rechts der Straße aus und zogen abseits außer Sicht im Wiesengrunde weiter den Türmen von Kalvarja entgegen. Noch sehe ich Ernst Wurche durch den Granatensegen von Kalvarja schreiten mit demselben geruhigen und aufrechten Gang, mit dem er die Steilhänge der Côtes Lorraines hinab, an ostpreußischen und polnischen Seen entlang und singend an der Spitze der zum Baden ziehenden Kompanie durch die Sonnenwälder von Augustowo gezogen war. Dieser Gang wurde um nichts hastiger. Das ruhige, feste, gleichsam befehlende Ausschreiten des jungen Leutnants geleitete die Kompanie in guter Ordnung durch die Feuerzone und verhinderte ein Auseinanderlaufen der Kolonnen in dem unbekannten und gefährdeten Gelände. Nach stundenlangem, erschöpfendem Marsch durch morastige Gründe und unwegsame Hänge bog die Kompanie wieder auf die große Straße ein. Neben dem triebhaften Vorwärtsziehen der müden grauen Masse klang der lebendige Schritt des jungen Führers über das Steinpflaster von Kalvarja.

Zwischen Kalvarja und Mariampol bezog das Regiment noch einmal feste Stellung, die von preußischer Landwehr ausgebaut war. Ein abscheulicher Fäulnisgeruch lag über den Lehmgräben, in denen trübes Grundwasser immer in tiefen Lachen und Pfützen stand. Unter dem Bodenbelag der Unterstände mußte das nachsickernde Wasser immer aufs neue ausgeschöpft werden. Jenseits der Brustwehr lag der ausgeworfene Schlamm in breiten, zähen Bächen. An der Luft und unter der Erde wimmelte es von Ungeziefer. Das Fliegengeschmeiß sammelte sich um jeden eßbaren Bissen in schwarzen Klumpen, und aus dem Deckbalkengefüge der Unterstände warfen uns die unermüdlich wuselnden Mäuse den trocknen Lehm auf Köpfe und Teller. Ernst Wurche, der in diesen Tagen seinen dritten Zug an einen Kameraden mit älterem Patent abgeben mußte, teilte mit mir ein enges Erdloch, in dem wir gerade auf zwei etagenförmig übereinander gebauten Pritschen schlafen konnten. Gegen die Mäuse eröffneten wir, wenn es zu toll wurde, mit unsern Pistolen von beiden Pritschen her nächtliche Feuerüberfälle, die sich mitunter zu wütendem Trommelfeuer steigerten. Wenn dann unsre Taschenlampen als Scheinwerfer über den Kampfplatz spielten, beleuchteten sie ein wüstes Trümmerfeld von Holzsplittern und Lehmbrocken, unter denen sich einmal sogar eine Mäuseleiche begraben fand. Die Höhlenluft, in der wir schliefen, wurde durch den Pulverschwaden, der das nächtliche Schlachtfeld deckte, weder besser noch schlechter. Im übrigen mieden wir nach Möglichkeit den Aufenthalt in dem unappetitlichen Loche, in dem wir uns trotz der von Wurche besorgten pomphaften Türinschrift „Stabsquartier des 2. Zuges" nicht heimisch fühlten. Bei Nacht wanderten wir durch den Graben und die Horchpostenlinie oder pirschten uns auf Patrouille an die russische Feldwache heran. Bei Tage nützten wir jedes Stündlein Sonne zum Faulenzen und Plaudern auf einer kärglichen Feldblumenwiese hinter den Gräben. Die flache Wiese war der einzige saubere Fleck, der uns in dem armseligen Lande, das sich um die „Leidensstadt" Kalvarja dehnt, erreichbar war. Aber sie hatte den Nachteil, daß man sie nur „liegend" bewohnen konnte. Vermaß man sich, aufrecht darauf zu wandeln, so pfiffen einem vom Russengraben her die Salven um die Ohren. Aber es war doch schön, sich auf dem blühenden Fleckchen zu strecken, die Hände unterm Kopf zu verschränken und in den blauen, sonnenheißen Himmel hinaufzusehen. Auf dieser Wiese haben der Freund und ich unsre letzten Plauderstündchen gehalten, zum letzten Male habe ich mich hier seines gedankenhurtigen und bildkräftigen Plauderns freuen dürfen. . . . Goethes Lieder ließen uns die Armseligkeit der Umgebung vergessen, und oft rief uns erst der Kugelsegen, der uns beim Aufstehen begrüßte, wieder in die Wirklichkeit zurück.

In der ersten Frühe des 19. August hatte ich den Freund eben im Nachtdienst abgelöst, als ich vom Kompanieführer den Befehl erhielt, mit einer Patrouille die Stärke der feindlichen Grabenbesatzung nach Möglichkeit zu erkunden. Die Kämpfe um Kowno machten die Stellung des Gegners mit jedem Tage unhaltbarer, und es lag alle Ursache vor aufzupassen, ob er nicht einmal freiwillig bei Nacht und Nebel die Gräben räumte, um sich weiter rückwärts in günstigerer Lage aufs neue festzusetzen.

Mit einer Patrouille von zwei Gruppen fühlte ich vor. Es war schon fast heller Tag, und zunächst glaubte ich nicht, daß wir weit kommen würden. Denn gleich als wir uns über die Ausfallrampe der Brustwehr schwangen, pfiffen uns von drüben ein paar Kugeln um die Ohren, die uns bewiesen, daß noch Leben in dem Russengraben war, und zudem mußten wir fast den ganzen Weg in voller Sicht des Feindes zurücklegen. Aber sonderbar, je weiter wir vorgingen, desto zaghafter kamen die Schüsse vom gegnerischen Graben. Daß wir längst bemerkt waren, daran war kein Zweifel. Entweder hatten also die Russen in der Nacht die Stellung geräumt und nur ein paar Leute zurückgelassen, die durch fleißiges Schießen die Grabenbesatzung so lange wie möglich „markieren" sollten und denen es nun angesichts unsres Vorgehens rätlich schien, keine zu große Erbitterung in uns aufzuspeichern, oder aber man wollte uns herankommen lassen und in die Falle locken. Um herauszubekommen, welche der zwei Möglichkeiten wahrscheinlich sei, nahm ich mit meinen zwei Gruppen auf einem flachen Hügel Stellung, schoß ein paar Salven nach den russischen Gräben und ging dann im Kehrt ein Stückchen zurück, als wenn ich wieder in die eigene Stellung wollte. Ich sagte mir: wollten die Russen uns in die Falle locken und sehen nun, daß wir doch umkehren, so werden sie jetzt mit allen Gewehren feuern, um uns zusammenzuschießen, ehe wir ganz entkommen. Aber trotz der Kehrtschwenkung blieb es bei ein paar Schüssen, die bald von rechts, bald von links her über unsre Köpfe weggingen. Dadurch sicher gemacht, gingen wir wieder energisch gegen die russischen Verhaue vor. Gleichzeitig schickte ich einen Mann zurück an Leutnant Wurche, er möchte mir mit einer Handgranatengruppe möglichst rasch folgen. Ich wollte ihn in einem abgebrannten Gehöft kurz vor dem russischen Hindernis erwarten, dann in den Russengraben einbrechen und uns im Fall einer Überrumpelung mit den Nahkampfmitteln doch noch aus der Falle herauskämpfen. Es ging alles glatt ab. Auf ein verabredetes Zeichen brachen wir unter den verkohlten Bäumen vor und rissen die spanischen Reiter des russischen Hindernisses auseinander. Im Nu hatten die hartzupackenden Fäuste unsrer Leute eine Bresche gelegt, und wir sprangen über die Brustwehrkrone in den feindlichen Graben hinein. Im kritischen Augenblick des Vorbrechens schlug doch allen das Herz schneller, das merkte man an der Art, mit der die Hände der Leute in den Stacheldraht hineinfuhren. Im russischen Graben holte uns Ernst Wurche mit seiner Handgranatengruppe ein. Ein russischer Sergeant gab sich mit einer Gruppe gefangen. Wir schickten eine Gefechtsordonnanz an die Kompanie zurück, entwaffneten die Russen und schickten sie mit zwei Mann als Bedeckung dem vorauseilenden Melder nach. Einen Teil der Leute ließen wir zur weiteren Durchsuchung der Unterstände zurück und gingen mit dem Rest der Patrouille aufklärend gegen die zweite Stellung des Gegners vor. Die Gräben auf der beherrschenden Höhe 130 fanden wir leer, und auch die Gehöfte weiter rückwärts waren verlassen. Nur ansehnliche Batterien leerer Flaschen in den kahlen Stuben zeigten deutlich, wo die höheren Stäbe quartiert hatten. Auch aus der zweiten Stellung ging ein Melder an die Kompanie zurück. Wir selbst drangen unbehindert noch mehrere Kilometer bis über die Szeszupa vor, schossen uns mit einer Kosakenpatrouille herum und stellten fest, daß der Gegner auch in den Gräben am Flußufer noch nicht wieder haltgemacht hatte. Danach war unsre Aufgabe gelöst, und wir suchten wieder Verbindung mit der Kompanie. Auf der Rückkehr zu unsern Gräben – wir fuhren mit einem für unser Gepäck requirierten Wagen zurück – trafen wir zwischen der ersten und zweiten Grabenlinie der Russen bereits aufklärende Dragoner, die auf Grund unserer Meldung vorgeschickt waren. Kurz danach stießen wir auf Infanteriepatrouillen und marschierende Kolonnen, und als wir persönlich dem Kompanieführer Meldung machten, gingen bereits Teile der Feldartillerie auf Balkenbrücken über unsre Gräben vor. Die ganze Division war in Bewegung. Unsre Leute strahlten. Die „Neunte" hatte als erste Kompanie den Abzug des Gegners erkundet. Darauf war jeder Mann der Kompanie stolz. Wir wurden mit einer Patrouille nochmals vorgeschickt, um an der Szeszupa-Brücke den Flußübergang zu decken. Aber die Brücke dröhnte schon unter marschierenden Kolonnen, Pferdehufen und Rädern. Kavallerie- und Infanteriepatrouillen fühlten bereits weit voraus vor. Wir warfen die Kleider ab, badeten im Flusse und erwarteten das Bataillon. Es war für Monate unser letztes Bad.

Der gefangene Sergeant hatte ausgesagt, daß sein Regiment weiter rückwärts an der Bahnlinie bei Krasna wieder feste Stellung bezogen habe. Diese Angabe erwies sich als richtig. Die Rückzugsstraße des Gegners, auf der wir alsbald vormarschierten, war von weggeworfenen Patronen besät und stellenweise in ihrer ganzen Breite tief aufgerissen und zerstört, um das Vorankommen unsrer Geschütze und Fahrzeuge zu hindern. Aber die Wälder längs der Straße hatten Stammholz genug, um die Gräben im Augenblick zu überbrücken. Im Walde kurz vor dem langgestreckten Dorfe Warthi krepierten die ersten russischen Schrapnells über der Straße, auf der unser Bataillon marschierte. Die Kompanien zogen sich in Gefechtsbereitschaft nach links in die den feindlichen Stellungen vorgelagerten Waldstücke und erwarteten den Angriffsbefehl. Unsere Artillerie fuhr auf und antwortete den russischen Geschützen. Ein paar Gehöfte zwischen uns und dem Gegner brannten wie Fackeln herunter.

Schon beim Abmarsch aus unsrer alten Stellung hatte Leutnant Wurche den Regimentsbefehl erhalten, der ihn zur zehnten Kompanie kommandierte. Während des Marsches war er noch mit mir zusammengeblieben, aber jetzt, als die Kompanien zum Gefecht auseinandergezogen wurden, eilte er mit kurzem Händedruck davon, um sich bei seinem neuen Kompanieführer zu melden. Während des Marsches war er einsilbig gewesen. Ich verstand ihn ganz. Es wurmte ihn, *seinen* Zug, *seine* Leute aus der Hand geben zu müssen. Darin fühlte er recht wie ein Künstler, der einen andern über eine angefangene Arbeit gehen lassen muß. Er war Soldat genug, darüber nicht viele Worte zu machen. Er wußte Großes und Kleines recht wohl zu unterscheiden. Das Kleine, das ihn anging, nahm er darum nicht weniger ernst, aber er sprach nicht darüber. So kam es, daß wir in unser erstes Gefecht nicht Seite an Seite vorsprangen. Zwei Züge der neunten Kompanie, darunter der meine, wurden zuerst eingesetzt. Es war nicht viel mehr als eine gewaltsame Erkundung. Gleich beim ersten Sprung unsrer hinter dem Waldrand entwickelten Schützenlinie ins offene Gelände fegte der Hagel der russischen Maschinengewehre ratternd gegen uns an und riß die ersten Lücken. In drei Sprüngen arbeitete ich mich mit meinen Leuten bis zu einer Ackerwelle vor, die uns wenigstens gegen Flankenfeuer Deckung gab. Der letzte Sprung kostete mich einen meiner braven Gruppenführer, den Gefreiten Begemann, der noch am Morgen auf unsrer Patrouille wacker und fröhlich unter den ersten in den russischen Graben hineingesprungen war. In den Ackerfurchen hinter uns jammerten Verwundete. Von unsrer kleinen Anhöhe aus konnten wir die russischen Gräben überschauen. Es waren wochenlang ausgebaute, schrapnellsichere Gräben hinter tiefen, doppelten Drahtverhauen, eine meisterhafte, schachbrettartige Anlage, die mit Maschinengewehren gespickt war und den Angreifer an jedem Punkte in ein verheerendes Flankenfeuer hineinzwang. Diese Stellungen waren von stürmender Infanterie ohne starke Artillerievorbereitung nicht einfach zu überrennen. Mit ein paar Gruppen dagegen anzulaufen, war unmöglich. Ich gab Befehl „Spaten heraus" und ließ meine Leute sich einschanzen. Dann schickte ich Gefechtsordonnanzen mit Meldung zurück und erhielt Befehl, mich bei Dunkelheit auf die Höhe der andern Kompanien zurückzuziehen. Als es dämmerte, gruben wir dem Gefreiten Begemann, den ein Herzschuß niedergestreckt hatte, in der vordersten Linie ein Grab. Die Kameraden in der Schützenlinie knieten auf und entblößten das Haupt. Ich sprach laut das Vaterunser. Ein paar russische Schrapnells barsten krachend über dem offenen Grabe. Wir schlossen das Grab, legten Helm und Seitengewehr auf den flachen Hügel und schickten drei Ehrensalven darüber hin gegen die russischen Gräben. Dann zogen wir uns auf die Höhe des Bataillons zurück. Hinter den niederbrennenden Bauernhöfen hoben die Kompanien Gräben aus und erwarteten in Bereitschaftsstellung den Morgen.

Auch der folgende Tag brachte noch keinen Angriffsbefehl. Wie es hieß, wurde in aller Eile Artillerieverstärkung herangezogen, um die feindliche Stellung sturmreif zu machen.

Am 21. August wurde nach zweistündigem Artilleriefeuer auf der ganzen Linie angegriffen. Das Gefecht von Krasna und Warthi lebt als einer der blutigsten Tage in der Geschichte der Brigade.

Hinter den kahlen Hängen vor Warthi entfaltete sich das Bataillon. Die Kompanien zogen an den feuernden Batterien vorüber und entwickelten sich aus den flachen Mulden gegen die Höhe, von wo der Angriff vorgetragen wurde. Über diese Anhöhe lief zwischen den verbrannten Höfen eine Straße, die beim Angriff überquert werden mußte und vom Feinde rasend mit Maschinengewehren bestrichen wurde. Zugweise und gruppenweise sprangen die Kompanien über den Todesweg. Ich sah Leutnant Wurche mit seinem Zuge springen, Gewehr in der Hand, den Kopf im Nacken. Links und rechts von ihm rissen die Russenkugeln Lücken. Verwundete krochen zurück und taumelten hangabwärts zum Verbandplatz. Neue Feuersbrünste flammten um Warthi auf und warfen schwelende Rauchschwaden über das Schlachtfeld. Die Maschinengewehre hämmerten und schütteten. Das Infanteriefeuer brodelte. Die Artillerien zerrissen Luft und Erde. Die Schwarmlinien des Bataillons verschwanden im Gelände, verschmolzen mit Feld und Acker. Hier und dort eine springende Gruppe, die alsbald, wie von der Erde verschluckt, wieder verschwand. Die starke Stellung des Gegners hatte durch unser Artilleriefeuer nur wenig gelitten. Die Maschinengewehre waren nicht niedergekämpft. Der tiefe Angriffsraum, der zudem von verschanzten Höhen aus mit vernichtendem Flankenfeuer bestrichen wurde, kostete harte Verluste. Teile des Bataillons drangen nahe an die russischen Hindernisse vor, der Angriff gewann ein paar hundert Meter Raum, aber es war nicht möglich, sturmkräftige Schützenlinien vor den feindlichen Verhauen aufzufüllen. Die letzten Reserven wurden nicht mehr eingesetzt. Die vorgedrungenen Schützenlinien hatten sich auf dem Gefechtsfeld eingegraben. In der Dämmerung kam Befehl an die Kompanien, sich in *einer* Höhe in durchlaufenden Gräben einzuschanzen. Es wurde dunkel. Leuchtkugeln stiegen. Spaten und Beilpicken klirrten. Von den überstürmten Äckern kam ein Stöhnen und Rufen. Die Krankenträger gingen vor und zerstreuten sich mit Bahren übers Feld. In den rasch aufgeworfenen Gräben saßen die Gruppen beisammen, schnitzten Kreuze und machten Kränze aus Wacholder und Fichtenzweigen. Aus der dunklen Erde wuchsen Gräber und schlossen sich über den Toten von Warthi. Brände verschwelten. Ab und zu ein prasselndes Zusammenstürzen ausgebrannter Häuser und Scheunen. Und immer wieder irgendwo ein Wimmern, ein messerscharfes Schreien. Ablösende Posten gingen zu zweien und dreien ins Dunkel vor. Patrouillen streiften durch die Postenkette zu den Russengräbern hinüber. Die ganze Nacht hindurch ging das Suchen und Fragen und stille Finden....

Ernst Wurche lag mit seinen Leuten in der vordersten Linie. Da sein Kompanieführer gleich zu Beginn des Gefechtes ausfiel, hatte er mitten im Sturm die Führung der zehnten Kompanie übernommen. Seine Fernsprecher hatten Verbindung nach rückwärts gelegt. Mitten in der Nacht rief mich der Freund durchs Feldtelephon an. Nach jedem einzelnen Mann seines alten dritten Zuges fragte er. Ich hatte die Verluste der Kompanie zusammengestellt. Auch in den dritten Zug hatte der Tag seine Lücken gerissen. Nach jedem der Verwundeten fragte er mehr, als ich antworten konnte. Von seinem eigenen Erleben sprach er nicht. „Alles Gute für Morgen!" „Gute Nacht!" Ich hing den Hörer ab. Dann ging ich zum dritten

Zuge und brachte den Leuten die Grüße des Freundes. Der Morgen ging blaß über Gräben und Gräbern auf. . . .

Der neue Tag verging unter Wachen und Schanzen. Es hieß, daß schwere Artillerie im Anmarsch sei. Aber in der nächsten Nacht wichen die Russen weiter ostwärts auf Olita zurück. In der Frühe des 23. August drängten wir nach. Mein Zug hatte während des Marsches die Spitze. An unsern Kolonnen vorüber zogen auf dem ganzen Wege zwischen Nowewloki, Warthi und Solceniki die endlosen Flüchtlingszüge der von den Russen mitgeschleppten lettischen Bauern, die mit einem Troß armseliger Karren voller Betten und Hausrat, mit dem Rest ihrer Herden und Pferde ihren verlassenen Höfen hinter den deutschen Linien wieder zustrebten. Nur selten flog ein Zuruf, ein Gelächter hin und her zwischen den grauen Kolonnen der marschier_enden_ Soldaten und der armen Herde bündelschlepp_ender_ Frauen, schreiender Kinder und hastig die Kappen und Pelzmützen rückender Männer. Die Dörfer und Höfe, zu denen die Vertriebenen zurückwanderten, lagen in Asche unter verkohlten Fruchtbäumen und niedergetretenen Zäunen. Der ferne Widerschein ihrer brennenden Dörfer hatte durch Tage und Nächte den Heimatlosen in die Augen gebrannt und ihren Glanz stumpf gemacht. Abseits der Straße irrte blökendes

Vieh über die zertretenen Felder, barfüßige, schreiende Jungen mit Stöcken und kläffende Hunde sprangen dazwischen herum. Vorüber an der Völkerwanderung der Abgehausten ging unser Marsch, ging durch menschenöde Dörfer aus altersschwarzen Holzhütten mit tiefhängenden, moosverfilzten Strohdächern und geplünderten Obstgärten, vorbei an frischen Gräbern und vorbei an den gespenstisch-verwahrlosten lettischen Kirchhöfen, die mit ihren schwarz und riesenhaft über einen Wall von rohen Felsblöcken emporstakenden Holzkreuzen geheimnisvollen Schädelstätten glichen, öden, verlassenen, von allem Lebendigen gemiedenen Richtplätzen. Pferdekadaver und verlassene Wagen, zerfetzte Uniformstücke und zerstreute Patronen überall auf Weg und Feld, zerfahrene und zertretene Ernten zur Seite....
Am Wegkreuz vor Zajle erhielt ich durch Zuruf der Verbindungsrotten Befehl zu halten. Der Bataillonsstab kam zur Spitze vorgeritten, saß ab und studierte im Straßengraben die Karte. Meldereiter brachten Befehle. Der Vormarsch fand an der Seensperre vor dem Gilujicie- und Simno-See für heute sein Ende. Die Kompanieführer wurden nach vorn gerufen und empfingen die Befehle für die Nacht. Der Stab bezog mit zwei Kompanien Quartier im Gutshof von Ludawka, die neunte und zehnte Kompanie sicherte mit Feldwachen und

Vorposten zwischen den Buchciánski-Sümpfen und dem Simno-See. Über Karte und Meldeblock gebückt, standen die Offiziere um den am Grabenrand sitzenden Major. Auf der Straße von Zajle her kam eine Sicherungspatrouille mit einer Rotte heftig redender und gestikulierender Bauernburschen; es waren großgewachsene, strohblonde Kerle, die ohne Kleider in den Betten gelegen hatten, nur die Soldatenhemden hatten sie verraten.

Unter dem hochragenden Wegkreuz von Zajle sah ich den Freund noch einmal. Er hatte den Weg nach Posiminicze erkundet, wo er mit einem Zuge Feldwache beziehen sollte. Wir sprachen über die Toten von Warthi. Ich redete von diesem und jenem, den ich in seinem ersten Gefechte fallen sah, nachdem ein frischer und herzlicher Führerwille durch lange Monate unermüdlich an ihm gearbeitet hatte. Ein Sprung und Sturz – tot! Und für diesen *einen* Schritt so viele Mühe und Liebe – „Nicht für diesen *einen* Sprung", unterbrach mich der Freund, „sondern dafür, daß er ihn mit hellen und beherzten Augen, mit *Menschen*augen tat! Und sollte das nicht genug sein?" Ich sah ihn an und schwieg. Schwieg aus Freude und nicht aus Widerspruch. Aber er schien's dafür zu nehmen und schob seinen Arm unter meinen. „Haben Sie denn vergessen, was Sie Ihren alten Klaus von

Brankow in der einen Bismarcknovelle sagen lassen?" Und er holte die Worte aus seinem frischen, jungen Gedächtnis: „Umsonst –? Es mag enden, wie es will – Ihr werdet Euer Brandenburg, Brandenburg! nicht umsonst gejubelt haben. Hat nicht der tote Begriff Vaterland lebendige Schönheit und Taten gezeitigt? Haben nicht tausend junge Menschen durch tausend Stunden menschlichen Lebens nicht an Leichtes und Leeres und Arges gedacht, sondern sind mit warmen und festen Herzen durch Tage und Nächte gegangen? Kann eine Zeit umsonst sein, die aus dem sprödesten der Stoffe, aus dem menschlichen, Kunstwerke gemacht und sie auch denen offenbart hat, die sie wie Barbaren zertrümmern mußten?"
In diesem Augenblick wurde ich zum Kompanieführer gerufen und erhielt Befehl, zur Sicherung der Postenaufstellung mit meinem Zuge bis Dembowy Roq vorzugehen und dort Stellung zu nehmen. Ich sprang noch einmal, während meine Leute unter Gewehr traten, über den Graben und drückte dem Freunde die Hand. „Ich habe für die Nacht Feldwache in Posiminicze", sagte er, „kommen Sie doch auf eine Stunde herüber!" „Das geht nun nicht, ich liege selbst auf Vorposten." „Ja dann – aber es ist schade!" Ich ließ seine Hand und sprang über den Graben zurück. „Gewehre in die Hand!" Ich marschierte mit der Spitzengruppe

ab, der Rest des Zuges folgte auf kurzen Abstand. Unter dem hohen, schwarzen Kreuze von Zajle stand die schlanke, aufrechte Gestalt des Freundes. „Auf Wiedersehen!" rief ich ihm zu. Er stand still unter dem Kreuze und hob die Hand zum Helmrande. ...

Die Feldwachen und Posten waren aufgestellt, und ich war mit meinem Zuge nach Zajle zur Vorpostenkompanie zurückmarschiert. Ich saß am Tisch einer Bauernstube und schrieb Briefe nach Haus. Der Kompanieführer schlief auf einer Strohschütte. Die Bauernfamilie lag in einem riesigen Holzbett unter grellbunten Kissenbergen. In einer Stubenecke zwischen Tornistern und Gewehren hockten die Fernsprecher um ein Lichtstümpfchen am Apparat. Ab und zu klönte der Summer, eine ferne quäkende Stimme gab Meldungen durch, die der Telephonist halblaut wiederholte und niederschrieb. Das menschenüberfüllte Zimmer war voll verbrauchter Luft. Ich stand auf und öffnete ein Fenster. Zögernd und blaß traten die Sterne aus dem Himmel. Vor dem Hause klang der Schritt des Postens. Hinter mir tönte ab und zu das verschlafene Wimmern eines kleinen Kindes, das in der lettischen Wiege, einem an rußschwarzen Stricken von der Decke herabschwebenden Holzkasten, lag. Leise und kühl wehte die Nachtluft mich an.

Wieder klöhnte der Summer des Telephons aus der Stubenecke. „Herr Leutnant-!" „Ja, was ist?" Ich wandte mich ahnungslos um. Der Fernsprecher hielt mir den Hörer entgegen. Der Summer hatte dreimal lang angerufen. Das ging mich nichts an. Irgend jemand sprach mit dem Bataillon. Aber ich nahm doch den Hörer, den der Fernsprecher mir mit kurzem Ruck aufdrängte. Warum sah mich der Mann so an? Ich hörte das Gespräch ab. „Meldung von Feldwache in Posiminicze: Leutnant Wurche auf Patrouille am Simno-See schwerverwundet. Bitte um Wagen zum Transport."...
Es war ganz still im Zimmer. Der Mann am Fernsprecher sah mich an. Ich wandte mich ab. Die Gedanken flogen mir durcheinander. Ich wollte aus dem Zimmer stürzen und nach Posiminicze laufen.... Aber ich lag ja auf Vorposten. Und draußen verblutete vielleicht der Freund. Ich durfte nicht fort. „Ja dann – aber es ist schade." Das Abschiedswort unter dem Kreuz von Zajle ging plötzlich durch die Stille. Ich biß die Zähne aufeinander. Immer wieder hörte ich das Wort, das halb gleichgültige, sinnlose Wort, das mich höhnte. „Es ist schade.... Es ist schade...." Und draußen verblutete der Freund.
Da nahm ich den Hörer wieder und rief die zehnte Kompanie an. Der Summer schrillte. Die Kompanie meldete sich. Aber es war keine neue

Meldung von der Feldwache eingelaufen. Der Verwundete lag noch draußen. Ein Wagen war nach Posiminicze unterwegs. Das war alles. „Sobald neue Meldung kommt, rufen Sie mich an!" „Jawohl, Herr Leutnant." Alles dienstlich, ruhig, gleichgültig, müde wie immer. Ich saß und wartete. Ich stand auf und ging auf und nieder. Der Mann in der Ecke folgte mir mit den Augen. Ich ging aus dem Zimmer und war allein. Von Stunde zu Stunde rief ich durchs Feldtelephon an. „Keine weitere Meldung, die Leute sind noch draußen." Immer dasselbe. Und ich saß kaum eine Wegstunde fern und durfte nicht zu dem Freunde eilen. Ich stand auf der dunklen Straße von Zajle, starrte in die Finsternis nach Südosten hinüber und kämpfte mit mir und war meiner nicht mehr Herr. Das Fenster klang. „Herr Leutnant!" Ich stürzte ins Zimmer und faßte den Hörer. „Hier Leutnant Flex!" „Hier zehnte Kompanie! Leutnant Wurche ist tot."
Ich gab den Hörer aus der Hand, ohne Antwort. „Schluß!" rief der Fernsprecher in den Schalltrichter. Sinnlos, sinnlos war das alles. . . . Wieder stand ich unter dem blassen Himmel. Die Häuser um mich her als drohende, schwarze Klumpen. Und die Stunden schlichen weiter, eine nach der andern. Ich wartete nur auf das Frührot. Dann jagte ich nach Posiminicze hinüber. Zwei Stunden gab mir

die Kompanie Urlaub. Dann mußte ich zum Abmarsch zurück sein. Ohne Pferde war es unmöglich. Ich brachte einen Leiterkarren auf, meine Leute holten ein paar Gäule von der Weide. Der Bauer mußte anspannen. Aber er machte Schwierigkeiten. Er hatte kein Lederzeug. Ich riß die Pistole heraus und drohte, die Gäule zusammenzuschießen. Der Bauer und die Weiber warfen sich auf die Erde, rangen die Hände und heulten. Ich riß ihn hoch. „Stricke!" Es waren keine Stricke da. Erst als ich auf die Pferde anschlug, brachte ein halbwüchsiger Bursche Stricke aus einem Schuppen. Es war keine Zeit zu verlieren. Ich mußte den Freund noch einmal sehen. Er sollte durch eine Hand zur Ruhe gebettet werden, die ihn brüderlich liebte. Die Gäule waren angesträngt. Ich sprang auf. Einen jungen Kriegsfreiwilligen, der das Grab für die Eltern zeichnen sollte, nahm ich mit. Vorwärts! Ich hieb auf die Pferde und jagte querfeld nach Posiminicze hinüber.

Dann stand ich vor dem Toten und wußte nun erst: Ernst Wurche war tot. In einer kahlen Stube auf seinem grauen Mantel lag der Freund, lag mit reinem, stolzem Gesicht vor mir, nachdem er das letzte und größte Opfer gebracht hatte, und auf seinen jungen Zügen lag der feiertäglich große Ausdruck geläuterter Seelenbereitschaft und Ergebenheit in Gottes Willen. Aber ich selbst war

zerrissen und ohne einen klaren Gedanken. Vor dem Hause, zur Linken der Tür, unter zwei breiten Linden hatte ich die offene Grube gesehen, die die Leute der Feldwache ausgehoben hatten.
Dann sprach ich die Mannschaften, die am Abend mit ihm auf Patrouille gegangen waren. Ernst hatte feststellen sollen, ob die Gräben der Seensperre vor Simno noch von Russen besetzt wären. Im Vorgehen war die Patrouille vom Feind mit Schrapnells unter Feuer genommen worden. Es war unmöglich, unbemerkt an die zu erkundende Stellung mit der Patrouille heranzukommen. Aber der junge Führer kehrte nicht um, ohne seinen Auftrag restlos zu erfüllen. Nur seine Leute ließ er zurück. Während sie in Deckung warteten, machte er einen letzten Versuch, sich die Einsicht in den russischen Graben zu erzwingen. Gewohnt, sich als Führer immer zuerst einzusetzen, kroch er allein Meterbreite um Meterbreite vor und arbeitete sich so noch weitere hundertfünfzig Meter heran. Der Graben war nur noch von Kosakenposten besetzt, aber im Vorkriechen wurde der deutsche Offizier von einem der Russen bemerkt, der alsbald auf ihn feuerte. Eine Kugel drang ihm in den Leib, die großen Blutgefäße zerreißend und den Tod in kurzer Zeit herbeiführend. Seine Leute bargen ihn aus dem Feuer der flüchtenden Kosaken. Einer fragte, wie sie ihn trugen: „Geht es so,

Herr Leutnant?" Er antwortete noch ruhig wie immer: „Gut, ganz gut." Dann verließen ihn die Sinne, und er starb still, ohne zu klagen.

Vor dem lettischen Gehöft, wo er als Feldwachhabender gelegen, auf den Seehöhen vor Simno schmückte ich ihm das Heldengrab. Zwei Linden über ihm als geruhige Grabwächter, das nahe Rauschen der Wälder und das ferne Gleißen des Sees sollten ihn behüten. In den Bauerngärten umher war eine blühende, schwellende Fülle von Sonne und Sommerblumen. Ein Grab voll Sonne und Blumen sollte der sonnenfrohe Junge haben. Mit Grün und Blumen kleidete ich die kühle Erde aus. Dann brach ich eine große, schöne Sonnenblume mit drei golden blühenden Sonnen, trug sie ihm ins Haus und gab sie ihm in die gefalteten Hände, die, fast Knabenhände noch, so gerne mit Blumen gespielt hatten. Und ich kniete vor ihm, sah wieder und wieder in den feiertäglich stillen Frieden seines stolzen jungen Gesichts und schämte mich meiner Zerrissenheit. Aber ich rang mich nicht los von dem armseligen Menschenschmerze um das einsame Sterben des Freundes, in dessen Hand in der letzten Stunde keine andere gelegen hatte, die ihn liebte.

Doch je länger ich kniete und in das reine, stolze Gesicht sah, desto tiefer wuchs in mir eine angstvolle und unerklärliche Scheu. Etwas Fremdes

wehte mich an, das mir den Freund entrückte.
Dann schlug mir das Herz in aufwallender Scham.
Er, der seinem Gotte so gerne nahe war, wäre
allein gestorben? Ein Bibelwort fiel mir ein aus
Jeremias: „*Ich* bin bei dir, spricht der Herr, daß
ich dir helfe." Das letzte große Zwiegespräch auf
Erden, die Zweieinsamkeit zwischen Gott und
Mensch hatte kein Unberufener gestört. ... Und
ich klagte um ein freundloses Sterben – – –
Nicht daß ich's in jener Stunde klar empfunden
hätte, aber als Keim senkte es sich damals in meine
Seele, der in später Erinnerung heller und heller
aufblühte. Großen Seelen ist der Tod das größte
Erleben. Wenn der Erdentag zur Rüste geht und
sich die Fenster der Seele, die farbenfrohen Menschenaugen verdunkeln wie Kirchenfenster am
Abend, blüht in dem verdämmernden Gottestempel des sterbenden Leibes die Seele wie das
Allerheiligste am Altar unter der ewigen Lampe
in dunkler Glut auf und füllt sich mit dem tiefen
Glanze der Ewigkeit. Dann haben Menschenstimmen zu schweigen. Auch Freundesstimmen.
... Darum forscht und sehnt euch nicht nach letzten Worten! Wer mit Gott spricht, redet nicht mehr
zu Menschen.
Hätte ich's doch klarer empfunden in jener Abschiedsstunde! Ich ließ den Freund hinaustragen
und half ihn in das grünausgekleidete Grab unter

den Linden senken. In seiner vollen Offiziersausrüstung bettete ich ihn zum Heldenschlafe mit Helm und Seitengewehr. In der Hand trug er die Sonnenblume wie eine schimmernde Lanze. Dann deckte ich ihn mit der Zeltbahn. Über dem offenen Grabe sprach ich ein Vaterunser, zu dem mir nun freilich wieder die Worte in Tränen versagten, und warf die ersten drei Hände Erde auf ihn, danach sein Bursche, dann die andern. Dann schloß sich das Grab, und der Hügel wuchs. Eine Sonnenblume steht darauf und ein Kreuz. Darauf ist geschrieben: „Leutnant Wurche. IR. 138. Gefallen für das Vaterland. 23. 8. 1915." Der Stahl, den der Waffenfrohe blank durch sein junges Leben getragen, liegt ihm nahe am Herzen, als ein Gruß von Erde, Luft und Wasser der Heimat, aus dem Marke deutscher Erde geschmiedet, in deutschem Feuer gehärtet und mit deutschem Wasser gekühlt.

> Der Stahl, den Mutters Mund geküßt,
> Liegt still und blank zur Seite.
> Stromüber gleißt, waldüber grüßt,
> Feldüber lockt die Weite....

Die Verse, die er im Leben geliebt, lebt er im Tode. Über das Kreuz hing ich zum Abschied einen aus hundert flammenden farbigen Bauernblumen gewundenen Kranz, für den seine Leute alle

Gartenbeete der lettischen Bauern geplündert hatten. Weichsamtene Levkojen und rotgoldene Studentenblumen, Nachtschatten und Sonnenblumen, der ganze reife Sommer blühte über dem Grabe des Jünglings, als ich schied.

Durchs Feldtelephon kam der Marschbefehl. Ich mußte im Galopp zu meiner Kompanie zurück. Das Bild des Grabes, das der Kriegsfreiwillige gezeichnet, in der Brieftasche, brach ich zur weiteren Verfolgung des Feindes auf. Wir marschierten den Weg, den er so treu mit seiner Patrouille unter Hingabe seines Lebens aufgeklärt hatte.

Am Abend lagen wir wieder vor dem Feinde. Die Schrapnells und Granaten russischer Feldgeschütze fuhren gurgelnd und krachend, wirbelnde Luftschleppen hinter sich herreißend, gegen die Gehöfte, hinter denen wir Deckung suchten. Ich saß auf einem Tornister und schrieb auf ein paar Meldekarten an die Eltern des Freundes. „Glauben Sie mir: Sie tun ihm die letzte Liebe, wenn Sie seinen Tod so tragen, wie es seiner würdig ist und wie er es wünschen würde! Gott lasse seine Geschwister, an denen er so brüderlich hing, aufwachsen, ihm gleich an Treue, Tapferkeit und Weite und Tiefe der Seele!" Aber ach, wie fern war ich selbst, während ich dies schrieb, von solcher Ergebung und Herzenstapferkeit, die ich andere lehrte! –

Und weiter Märsche und Gefechte, Gefechte und Märsche.... Olita fiel. Bei Preny gingen wir über den Njemen. Vor Zwirdany zerbrachen wir in nächtlichem Sturm die Russensperre am Daugi-See, nachdem wir am Tage die Höhenstellungen bei Tobolanka erstürmt hatten. Am Ufer der Mereczanka, vor dem brennenden Orany, lagen wir im Feuer. Und zogen der Wilia entgegen in neue Schlachten. Allabendlich flammten und schwelten Dörfer und Scheunen am Horizonte als Brandfackeln, die dem rückflutenden Russenheere meldeten, wie weit die deutschen Heeressäulen vorgedrungen waren. Verstörte Einwohner huschten mit Kindern, Bündeln und Packen schattenhaft auf unsern Wegen um zerschossene Wohnstätten und zertretene Gärten. Hunde jaulten um verlassene und zerstörte Höfe. Vieh und Pferde tauchten auf und verschwanden. Gleichgültig und mit müden Augen sahen wir all die schattenhaften Bilder, die wie Sonnenaufgang und Untergang sich täglich und stündlich wiederholten, stumpf und schlafhungrig hörten wir den Wirrwarr lauter Befehle und Zurufe, das „Germanski, Germanski!"-Jammern der verwundeten Russen in Wald und Feld – – Schlafen! nur schlafen!

Das Zwielicht eines baufälligen Stalles von Winknobrosz schied mich von der scharfen, grauen Helle eines Septembermorgens voll Sturm und

Regen. Die Strohschütten, auf denen ich unter meinem grauen Mantel lag, strömten faden, süßlichen Fäulnisgeruch aus und erfüllten die regen- und schlammschweren Kleider mit dunstfeuchter Wärme. Von den braunen Leibern der zwei müden Kompaniepferde, mit denen ich den dumpfen, zugigen Raum teilte, stieg farbloser Schweißdunst auf und stand als grauer Nebel in den durch die Löcher der Holzwand und die Risse des Strohdachs hereinbrechenden grellen Lichthaufen. Durch die klaffenden Sprünge und Spalten der rohen Holztür, die das armselige Wohngelaß des polnischen Dorfschmieds von uns schied, quoll der unruhige Lärm der Telephonisten und Offiziersburschen, untermischt mit weinerlichem Polnisch und dem stoßweisen Wimmern eines Kindes, das in der Schwebewiege durch den Armeleutebrodem des überfüllten Raumes schaukelte. Der Summer des Telephons klöhnte und klöhnte. . . . Alles wie an jenem Abend in Zajle. Warum traten Menschen und Dinge immer wieder zu dem quälenden Bild der Erinnerung zusammen und taten Gespensterdienst und schafften alle Nächte zu Todesnächten um? Heute und morgen – wie oft noch?

Aus den klammen Falten des Mantels über meinen Knien schimmerten im Halbdunkel zwei wandernde, leuchtende Punkte, die Radiumzeiger einer flachen, kleinen Stahluhr, auf der die Stunden des Ruhetages nach wochenlangen Kämpfen und Märschen trübe und müde abliefen, eine um die andere.

Ich sah auf das bißchen Glanz, das inmitten von so viel Armseligkeit schimmerte, und mühte mich, das Ticken der kleinen Uhr zu hören. Ich hob sie auf und glaubte wieder das unermüdliche Gangwerk zu spüren wie den Pulsschlag von etwas Lebendigem. Ich redete mir so gerne ein, daß es ein Stücklein Leben wäre, das mir gut und treu nahe sei. Denn dieses leise pulsende Treiben war noch von der Hand in Gang gebracht worden, die mir vor andern Menschenhänden lieb war und die nun still über dem kühlen Stahl des Schwertes im Grabe ruhte. Ernst Wurches Uhr, die mit mir durch die Kämpfe der Njemenschlacht und der Schlacht bei Wilna den Weg zu den Eltern in der schlesischen Heimat suchte.... Als ich in der Frühe des Unglückstages, der seiner Sterbenacht folgte, an die Seite des Toten eilte, schwiegen Lippen, Puls und Herz des Freundes seit Stunden, aber als mir die kleine Uhr in die Hand hinüberglitt, erspürte ich das leise, behutsame Pulsen des Werkes, das er noch in Gang gesetzt, wie ein Stücklein Leben von seinem Leben, und ich hatte und hegte einen Augenblick lang das törichte Leidgefühl, als hielte ich das liebe Herz meines Freundes in Händen.

Durch Stunden und Tage mühte ich mich, die kleine, unermüdliche Stimme, die mich seitdem durch Märsche und Gefechte begleitete, besser zu verstehen. Und sie redete zu mir und sprach auch heute: „Du lebst die Lebensstunden meines toten Herren, deines Freundes, die Gott ihm als ein Opfer abforderte. Denkst du daran? Du lebst seine Zeit, wirke seine Arbeit! Er schläft, du wachst, und ich teile dir die Stunden deiner Lebenswache zu. Ein rechter Kamerad wacht für den andern, wache du für ihn! Sieh, ich hüte treu das Amt, das er mir zugeteilt, sei ihm treu wie ich, du Mensch, der mehr ist als wir toten Dinge, deren Leben von euch stammt!"...
Die leise kleine Uhr sprach und sprach, und ihre Stimme sickerte mir tiefer und tiefer ins Herz....
Ich wollte gehorchen und mich über den Schmerz emporreißen. Und schrieb im Halbdunkel:

Im Osten, von wannen die Sonne fährt,
Ich weiß ein Grab im Osten,
Ein Grab, vor tausend Gräbern wert,
Drin schläft ein Jüngling mit Fackel und Schwert
Unter des Kreuzes Pfosten.

Als Fackel trägt er in weißer Hand
Eine goldene Sonnenblume,
Auch loht von des Heldenhügels Rand
Eine Sonnenblume wie Feuersbrand,
Eine Fackel zu seinem Ruhme.

Das Schwert, so oft beschaut mit Lust,
Glüht still in eig'nem Glanze.
Es deckt des Sonnenjünglings Brust
Als Sonnenwappen der Blütenblust
Der gold'nen Blumenlanze.

Er war ein Hüter, getreu und rein,
Des Feuers auf Deutschlands Herde.
Nun blüht seiner Jugend Heiligenschein
Als Opferflamme im Heldenhain
Über der blutigen Erde.

Die Fackel, die seinem Grabe entloht,
Soll Jugend um Jugend hüten,
Bis unter Morgen- und Abendrot
In Friedensträumen und Schlachtentod
Die letzten Deutschen verblühten.

Ein Flammenengel des Weltgerichts
Schläft still in schimmernden Waffen.
Einst wird er, zerstäuben die Welten in Nichts,
Die blühende Lanze voll schwellenden Lichts
Von seinem Grabe raffen.

Dann leuchtet sein Leib aus der Toten Chor,
Ein Blitz aus wogender Wolke,
Dann bricht er mit Fackel und Schwert hervor
Und leuchtet durch der Ewigkeit Tor
Voran seinem deutschen Volke.

Die Pulse flogen mir. Ich stand auf und ging hinaus. Freie und Frische wehten mich an. Das Herz wallte mir leichter als seit langem. Da – ein Rauschen in den Lüften, ein scharfes Schreien, ein Näherbrausen, ein wanderndes Gänseheer rauschte hoch über Winknobroscz hin nach Süden. Ihre Schatten flogen über mich hin. Eine Erinnerung drückte auf mich wie eine lastende Hand. Wie lange war es her, daß das Gänseheer wandernd nach Norden rauschte über die kriegswunden Wälder vor Verdun hin, über den Freund und mich?

> Rausch' zu, fahr' zu, du graues Heer!
> Rauscht zu, fahrt zu nach Norden!
> Fahrt ihr nach Süden übers Meer –
> Was ist aus uns geworden?

> Wir sind wie ihr ein graues Heer
> Und fahr'n in Kaisers Namen,
> Und fahr'n wir ohne Wiederkehr,
> Rauscht uns im Herbst ein Amen!

Aus Frühling und Sommer war Herbst geworden. Die Graugänse wanderten nach Süden. Fernhin rauschte ihre Fahrt über das einsame Grab auf den stillen Höhen über dem Simno-See.... Ich schaute dem wandernden Heere nach, doch nicht lange. Wie eine Hand lag mir's im Nacken, die mich duckte. Da ging ich zurück in die polnische Schmiede und warf mich ins Stroh.

Tiefer und tiefer hinein in russisches Land ging der Vormarsch. Moskauer und Petersburger Garden warfen wir aus verschanzten Wäldern, setzten auf Pontons über die Wilia und lagen in der Hölle des brennenden Porakity, über dessen Trümmer die Flut der Russengeschosse hinging, während wir wehrlos, von siedender Helle übergossen, durch mörderische Stunden warteten. Wir schanzten uns vor Ostrow ein und hörten das Geheul der durch das brennende Uljany vorbrechenden und wieder zurückgeworfenen Russenhorden.

  Wir stoßen unsre Schwerter
  Nach Polen tief hinein.
  Die Hand wird hart und härter,
  Das Herz wird hart wie Stein.

  Die Lust ist uns bestohlen.
  Wer nahm uns Glück und Glut?
  Das macht im Sand von Polen
  Das viele stille Blut.

  Wir tragen unsre Fahnen
  Still in die Nacht hinein,
  Das Blut auf unsern Bahnen
  Ist unser Frührotschein.

Durch Polen möcht' ich traben,
Bis mir das Blut erglüht.
Das kommt vom Gräbergraben,
Das macht die Herzen müd'.

Bei Schwertern und bei Fahnen,
Schlief uns das Lachen ein.
Wen schert's! – Wir soll'n die Ahnen
Lachender Enkel sein.

Das Hin und Her der Märsche und Gefechte ging weiter. Aber der Krieg brannte nieder. Aus der Schlacht bei Wilna führte ich zuletzt die Reste zweier Kompanien heraus hinter die Kette der litauischen Seen, an denen wir uns einschanzen sollten.

... Und wieder vor der Kompanie
Tappt meines Fuchsen müder Schritt.
Durch Wald und Nachtwind führ' ich sie,
Und hundert Füße rauschen mit.

Der Wald ist wie ein Sterbedom,
Der von verwelkten Kränzen träuft,
Die Kompanie ein grauer Strom,
Der müde Wellen rauschend häuft.

Der graue Strom rauscht hinter mir,
Durch Sand und Schnee, durch Laub und Staub,
Und Well' um Welle dort und hier
Wird Sonnenraub, wird Erdenraub.

Es schwillt der Strom und ebbt und schwillt. ...
Mein Herz ist müd', mein Herz ist krank
Nach manchem hellen Menschenbild,
Das in dem grauen Strom versank.

Die Welt ist grau, die Nacht ist fahl,
Mein Haupt zum Pferdehals geduckt,
Träum' ich, wie hell durchs Todestal
Mein Strom einst klang lichtüberzuckt. ...

Mein Fuchs geht immer gleichen Tritt
Voran, entlang dem grauen Zug,
Und graue Reiter reiten mit,
Die er vor mir im Sattel trug. –

Bei Nacht zogen wir uns hinter die natürliche Verteidigungsstellung der Seensperre zurück, hoben in größter Eile Gräben aus und ließen den Gegner anlaufen. Tag und Nacht schanzten unsre Leute. Rings um die Seen brannten die Russendörfer nieder, rotlodernde Leichenfackeln des sterbenden Krieges. Und wieder monatelanges Stillliegen in Schützengräben wie einst auf den Maashöhen vor Verdun und in den Wäldern vor Augustowo. Und doch alles anders. Wie ein ferner, schöner Traum lagen die lauen Sommernächte hinter uns, die wir singend und plaudernd durchwacht hatten. Jetzt türmten sich Schneewälle um unsre Erdhöhlen. Schneidende Ostwinde fegten das graue Eis der Seen und peitschten nadel-

scharfe Kristalle gegen die wachtmüden Augen.
Dreizehn und vierzehn Stunden dauerte das
nächtliche Horchen und Lauern der Wacht im
Osten.

>   Eisgrauer See,
>   Mondheller Schnee. . . .
>   Wie lang noch soll ich schreiten,
>   Das kalte Schwert zur Seiten?
>   Wie lang' währt Mord und Streiten?
>   Weh', Russenerde, weh' –!
>
>   Einsame Wacht,
>   Schneekühle Nacht.
>   Es knarrt der Frost im Eise,
>   Der Sturm singt harsche Weise,
>   Der Friede, den ich preise,
>   Der ist in Bann und Acht.
>
>   Brandhelle loht!
>   Mord, Haß und Tod,
>   Sie recken ob der Erde
>   Zu grauser Drohgebärde,
>   Daß niemals Friede werde,
>   Schwurhände blutigrot.
>
>   Was Frost und Leid!
>   Mich brennt ein Eid.
>   Der glüht wie Feuersbrände
>   Durch Schwert und Herz und Hände.

Es ende drum, wie's ende –
Deutschland, ich bin bereit.

Die Zeit schlich durch die Winternächte hin so träge wie eine Flamme, die sich schwelend durch feuchte Buchenkloben frißt. ...

Die Lücken, die der Bewegungskrieg gerissen, schließen sich durch Ersatz aus der Heimat. Frisch ausgebildeter Landsturm und junge Rekruten. Der Graben füllt sich mit fremden Gesichtern und neuen grauen Röcken, die seltsam von den verwitterten, erdfarbenen Kleidern der alten Leute abstechen. Und wieder Wochen und Wochen des Schanzens und Lauerns, und in Schnee und Regen sind alle Röcke sich gleich geworden. Es gibt keine fremden Gesichter mehr im Graben. Aber die fehlenden kommen nicht wieder. Nur in den langen, grauen Nächten kommen sie und reden. Der Verkehr mit den Toten macht einsilbig und still. ...
Ich liege erst zwischen den Seen, dann fünf Monate hindurch mit meiner „Sechsten" Schanzen und Wachen, Wachen und Schanzen. Alle Nächte sind tief und dunkel wie Abgründe und voll unfaßbaren Lebens. Die Tage sind fahl und kurz und sind nichts als bleierner Schlaf und verworrener Traum. Die Nächte sind ein verhohlenes Leben in Erdhöhlen und dunklen Gräben, ein Auf- und Abwandern an starrenden, grauen Drähten in aufflackernder

und verwehender Helle, ein Lauern über Brustwehren und Schießscharten und ein Hocken am Feldtelephon. ... Und aus jeder Nacht hebt sich dunkel und bedrückend vor den überwachen Sinnen die eine verschollene Nacht, die Nacht von Zajle. ... Der Summer im Feldtelephon klöhnt. Die stille Fläche des Simno-Sees schimmert auf. Ferne Schüsse knattern. Der Posten geht auf und nieder. ... Oh, ihr Nächte, ihr Totenbeschwörer! Traum und Trug sind die Tage, die wie Blätter verwehen, und in jeder Nacht erneut sich das Dunkel der Sterbenacht über dem Simno-See. Ich sitze zusammengekauert vor der flackernden Kerze im Unterstand und lausche den Stimmen der Nacht und hadere. Jede Nacht erlebe ich dein Sterben, Freund! Du und ich, wir beide in *einem* brennenden Hause, die Habe unseres Volkes zu retten, durch dünne Wände geschieden, du und ich. Und du, mein Bruder, verbrennst in der Kammer neben mir, und ich darf dir nicht helfen. ... Ich sitze zusammengeduckt und hadere. Und fühle doch deine Nähe. Du bist bei mir und schwichtigst. Ich höre deine gute, junge Stimme. „Leutnantsdienst tun heißt seinen Leuten vorleben, das Vorsterben ist dann wohl einmal ein Teil davon." Ich hebe die Augen und suche. Gestalt und Stimme verwehen. Ich schlage den Mantelkragen hoch und trete ins Freie. Und die russische Nacht durchfrostet mich wieder. Vor den Gräben und Horchlöchern wandre ich auf und nieder. Von der Höhe über den verkohlten Dorftrümmern ragen gespenstisch die hohen, schwarzen Kreuze des lettischen Friedhofs. Wie oft sind wir im Morgen- und Abenddämmern an diesen kahlen Todesstätten mit den müden Kompanien vorübergezogen! Sie gleichen sich wie Schatten, einer wie der andere. Und doch weht von keinem so kühler Schauer wie von dem Sonnengrabe über dem Simno-See. Ich starre auf die Kreuze. Eine blasse Helle sickert aus dem Wolkendunkel im Osten. Es ist Zeit, schlafen zu gehen.

Alle Nächte sind eine Totenklage. Nachtstürme rütteln heulend an meine Hütte aus Lehm und Brettern. Mein Herz ist eine Scheune voll wilder Pferde, eine Scheune, die in Brand geriet. Rosse stampfen, Halfterketten klirren....

Stille Nächte schleichen dahin wie Gespenster. Morgenkühle weht auf, mit übernächtigen Augen sehe ich in den fahlgewordenen Kerzenschimmer und lösche das Licht. Alle Nächte sind eine Totenklage. Der Morgen ist von Nebeln überfallen, und sein Glanz ist dahin! Der Winter ist da, und sein Frost macht die Scheiben blind. Meine Seele ist kalt wie ein kahler Raum. Die Scheiben sind gefroren. Kein Strahl der vertrauten Welt dringt von außen in mich hinein. Ich sitze einsam hinter gefrorenen Fenstern, mein Freund, und starre auf deinen Schatten, der den Raum füllt. . . . Und hadere. Aber draußen wächst das Licht. Und wieder bist du mir nahe und schwichtigst. „So laß sehen, ob ich nicht lebendiger bin als du! Sieh', ich trete an die Fenster und lege die Hand auf das Eis. Es taut mir unter den Händen. Der erste Sonnenstrahl bricht hell herein. Ich hauche lächelnd über das kalte, blinde Eis – sieh', wie es hinwegtaut! Wälder, Städte und Seen schauen herein, um die wir gewandert sind, liebe Gesichter schauen von draußen herein. Willst du ihnen nicht rufen? Sind wir nicht immerdar Wanderer zwischen beiden Welten gewesen, Gesell? Waren wir nicht Freunde, weil dies unser Wesen war? Was hängst du nun so schwer an der schönen Erde, seit sie mein Grab ist, und trägst an ihr wie an einer Last und Fessel? Du mußt hier wie dort daheim sein, oder du bist es nirgends. . . ." Der Tag ist mächtig geworden, und mein Herz will hell werden und gläubig.

Alle Nächte sind eine Totenklage. In grauem Mantel lehne ich an der verschneiten Brustwehr und sehe auf zu den bleichen Sternen der Winteröde. Und mein Herz hadert. „Wir sind alt geworden an unsern Taten und alt an unsern Toten. Der Tod war einmal jung und verschwenderisch, aber er ist alt und gierig geworden." Aber der Freund ist neben mich getreten, still, ich weiß nicht woher und ich frage nicht. Sein Arm liegt in meinem wie in den Waldgräben vor Augustowo. Und er schwichtigt: „Ihr glaubt zu altern und werdet reif. Eure Taten und eure Toten machen euch reif und halten euch jung. Das Leben ist alt und gierig geworden, der Tod bleibt sich immerdar gleich. Weißt du nichts von der ewigen Jugend des Todes? Das alternde Leben soll sich nach Gottes Willen an der ewigen Jugend des Todes verjüngen. Das ist der Sinn und das Rätsel des Todes. Weißt du das nicht?"

Ich schweige. Aber mein Herz hadert weiter. Und er läßt seinen Arm nicht aus meinem und hört nicht auf zu schwichtigen, leise, voll guten, geruhigen Eifers. „Totenklage ist ein arger Totendienst, Gesell! Wollt ihr eure Toten zu Gespenstern machen oder wollt ihr uns Heimrecht geben? Es gibt kein Drittes für Herzen, in die Gottes Hand geschlagen. Macht uns nicht zu Gespenstern, gebt uns Heimrecht! Wir möchten gern zu jeder Stunde in euren Kreis treten dürfen, ohne euer Lachen zu zerstören. Macht uns nicht ganz zu greisenhaft ernsten Schatten, laßt uns den feuchten Duft der Heiterkeit, der als Glanz und Schimmer über unsrer Jugend lag! Gebt euren Toten Heimrecht, ihr Lebendigen, daß wir unter euch wohnen und weilen dürfen in dunklen und hellen Stunden. Weint uns nicht nach, daß jeder Freund sich scheuen muß, von uns zu reden! Macht, daß die Freunde ein Herz fassen, von uns zu plaudern und zu lachen! Gebt uns Heimrecht, wie wir's im Leben genossen haben!"

Ich schweige noch immer, aber ich fühle mein Herz ganz in seinen guten Händen. Und seine liebe Stimme schwingt und schwichtigt weiter. „Wie wundgeschlagene Bäume süße und herbe Säfte ausströmen, so die Herzen der Dichter süße und herbe Lieder. Gott hat in dein Herz geschlagen. Singe, Dichter!"

„Mein Freund, mein Freund, meine Seele klingt von der deinen wider, wie eine Glocke, die im wogenden Klange der Schwesterglocke mitschwingt!" – –

Aus dem Himmel im Osten fließt hellflüssiges Gold über schwarze Wolken und dunkle Erde. Ein Rosenschimmer schwebt in den Jungtrieben der Birkenkronen. Ein Wölklein frisches Grün hängt fern und nah in den Wipfeln über der schwarzen Erde. Der zweite Kriegsfrühling hebt an. Der Sturm geht über die Gräber in Polen.

Es weht ein Sturm aus West, aus West,
Heimatwind, Gotteswind,
Der Kreuz und Kranz erbeben läßt,
Wo er ein Grab in Polen find't.

Es klagt und klagt der Sturm aus West:
Weh, deutscher Erde Kind!
Was hält dich Polens Erde fest?
Die deutsche Erde kühlt so lind,
Dich kühlt sie nicht!

Der Sturm aus Westen klingt und klagt:
Hätt' ich Kraft, hätt' ich Kraft,
Ich hätte wie eine Kindesmagd
Dich längst in meinen Arm gerafft!
Kann's nicht, kann's nicht, Gott sei's geklagt!
Hätt' ich Kraft, hätt' ich Kraft,
Ich hätte euch auf nächtiger Jagd
Eine Handvoll Heimaterde geschafft
Zu Kranz und Grab!

Es fährt ein Sturm aus Ost, aus Ost,
Gräberwind, Gotteswind:
Du liebe Heimat, sei getrost!
Wir bleiben deiner Erde Kind. . . .
Von allen Gräbern weht's aus Ost:
Erde ist immer lind.
Erde, aus Heimaterde entsproßt,
Wir selbst nur Heimaterde sind,
Fürchtet euch nicht! --

EIN NACHWORT

Sommer und Winter kamen und gingen. Russenstürme zerschellten vor den Hindernissen. Unerschüttert hielt das deutsche Ostheer in seinen Gräben. Und wieder monatelange stille Wacht hinter Brustwehr und Drahtverhau. – Die Frühlingsstürme des vierten Kriegsjahres brausten über die Lande. Im Osten entfachten sie den Krieg nicht zu neuen Gluten. Aber drüben in Frankreich brannte er lodernd auf, an der Aisne und bei Arras. Die vereinte Kraft der Westmächte rannte Sturm gegen die deutsche Mauer. Walter Flex hielt es nicht länger in der Stille des östlichen Stellungskrieges. Es trieb ihn nach dem kampfdurchwogten Westen:
„Ich habe mich mit ein paar Kameraden, darunter ein prächtiger alter Major, freiwillig zur Westfront gemeldet. Schwer ist's mir nur geworden im Gedanken an meine Mutter, die auch noch nichts davon weiß. Im übrigen kennen Sie mein Denken. Es ist nicht damit getan, sittliche Forderungen aufzustellen, sondern man muß sie an sich voll-

strecken, um ihnen Leben zu geben. Abenteuerlust und Idealismus sind zu Anfang des Krieges viel verwechselt worden, und der unbeugsame und zu keiner Konzession bereite Idealismus, in dem allein das Heil für Gegenwart und Zukunft unseres Volkes liegt, ist selten geworden. Ihr Brief gibt mir willkommene und dankbar ergriffene Gelegenheit, mich zu einem gleichgesinnten Menschen auszusprechen, zumal Sie selbst an die Stimmung rühren, in der ich mich in dieser Schicksalsstunde unseres Volkes befinde, wenn Sie schreiben: ‚Es steht mir allerlei Sorgliches vor der Seele, wenn ich an Sie denke.' Dazu ist kein Anlaß. Diese Sorge wäre nur begründet gewesen, wenn ich durch Verzicht auf meine Meldung die Einheit zwischen Handeln und Denken aus Herzensrücksichten verletzt hätte. Ich bin heute innerlich so kriegsfreiwillig, wie am ersten Tage. Ich bin's und war es nicht, wie viele meinen, aus nationalem, sondern aus sittlichem Fanatismus. Nicht nationale, sondern sittliche Forderungen sind's, die ich aufstelle und vertrete. Was ich von der ‚Ewigkeit des deutschen Volkes' und von der welterlösenden Sendung des Deutschtums geschrieben habe, hat nichts mit nationalem Egoismus zu tun, sondern ist ein sittlicher Glaube, der sich selbst in der Niederlage oder, wie Ernst Wurche gesagt haben würde, im Heldentode eines Volkes verwirklichen kann. . . . Eine klare Grenze des Denkens habe ich freilich immer festgehalten: ich glaube, daß die Menschheitsentwicklung ihre für das Individuum und seine innere Entwicklung vollkommenste Form im Volke erreicht, und daß der Menschheitspatriotismus eine Auflösung bedeutet, die den in der Volksliebe gebundenen persönlichen Egoismus wieder freimacht und auf seine nackteste Form zurückschraubt. Mein Glaube ist, daß der deutsche Geist im August 1914 und darüber hinaus eine Höhe erreicht hat, wie sie kein Volk vordem gesehen hat. Glücklich jeder, der auf diesem Gipfel gestanden hat und nicht wieder herabzusteigen braucht. Die Nachgeborenen des eigenen und fremder Völker werden diese Flutmarke Gottes über sich sehen an den Ufern, an denen sie vorwärtsschreiten. – Das ist mein Glaube und mein Stolz und mein Glück, das mich allen persönlichen Sorgen entreißt. . . ."

Sein Wunsch, sich in den entscheidungsvollen Kämpfen des Westens einzusetzen, blieb unerfüllt. Ein mehrwöchiges Kommando rief ihn nach Berlin. Heißen Herzens verfolgte er von dort das Schicksal seiner Kameraden: Sein Regiment kämpfte um Tarnopol. Er erreichte es rechtzeitig, um an der Eroberung Rigas teilzuhaben. Frohe Grüße flogen in die Heimat: „Ich bin ganz glücklich, dabei sein zu dürfen." Auf Riga folgte Ösel.

Aus den neuen Angriffsvorbereitungen heraus schrieb er weiter:

„Von den Kameraden, die vor Monaten nach dem Westen gingen, ist kaum einer mehr am Leben. Es waren ein paar prächtige Menschen darunter, mit denen ich gern hinausgegangen wäre. Ich sehe sie noch am Bahnhof aus dem abfahrenden Zuge winken. ‚Schad', daß Sie nicht mitkommen!' rief mir Erichson noch zu, der Mecklenburger, der mit Wurche und mir vor Augustowo in der 9. Kompanie das Zugführer-Kleeblatt bildete. Nun liegt er auch vor Verdun begraben. Hätte er damals geahnt, daß wir kurz darauf Tarnopol und Riga mitschlagen sollten, er wäre wohl bei uns geblieben. Wo wäre ich wohl heute, wenn meine Meldung damals nicht kassiert worden wäre? Zufälligkeiten oder Bestimmung? Dankbar bin ich immer von neuem für das Gleichgewicht des Herzens, das mir nie ernstlich erschüttert worden ist. Nicht etwa, daß ich das Gefühl hätte, vor anderen bewahrt und aufgehoben zu sein – aber ich habe das geruhige, innere Wissen, daß alles, was mit mir geschieht und geschehen kann, Teil einer lebendigen Entwicklung ist, über die nichts Totes Macht hat..."

An dem Tage, der diesen Brief in die Heimat brachte, traf ihn auf Ösel die tödliche Kugel. Er hatte seine neunte Kompanie zum Angriff auf Lewwal entwickelt. Das Gefecht neigte sich zu siegreichem Ende. Unschlüssig zwischen Widerstand und Übergabe schwankend hielten die Russen noch vor Peudehof. Sein linker Zugführer geht vor und fordert Ergebung. Russische Offiziere erklären den Ankommenden für gefangen. Der springt zurück, das Gewehr im Anschlag: „Herr Leutnant, sie wollen sich nicht ergeben!" Walter Flex hat ein russisches Beutepferd gegriffen und reitet vor. Ein Schuß kracht und fehlt ihn. Er zieht den Säbel, der ihm am Sattel hängt. Mit blanker Klinge reitet er gegen den Schützen an. Gewehrfeuer schlägt ihm entgegen. Eine Kugel fährt ihm durch die Degenhand in den Leib und wirft ihn vom Pferd. Seine Kompanie greift an. Die Russen heben die Hände. Sie sind gefangen. – Die ersten Worte des Verwundeten fragen nach dem Stand des Gefechts. Die Antwort läßt ihn beruhigt zurücksinken.

Seine Leute trugen ihn in eine nahe Hütte. Heiteren Herzens erreichte er das Lazarett. Seinem treuen Burschen diktierte er diese Karte: „Liebe Eltern! Diese Karte diktiere ich, weil ich am Zeigefinger der rechten Hand leicht verwundet bin. Sonst geht es mir sehr gut. Habt keinerlei Sorge. Viele herzliche Grüße! Euer Walter." Am nächsten Tage, am Geburtstag seines ihm im Soldatentod vorangegangenen jüngsten Bruders, ist er gestorben. Eins im Leben und Sterben wie im Denken und Handeln ist er stille eingegangen zum größten Erleben, ein wegesicherer Wanderer zwischen beiden Welten. –

Der Abend brachte seinem Regiment den Marschbefehl. Die Nachtstunden, die vor dem Aufbruch verblieben, führten seine Leute zusammen zu stillem Totendienst: Laubgewinde wuchsen unter ihren Händen zum letzten Gruß und Dank.

Das Regiment marschierte. Neun Leute seiner lieben Kompanie blieben zurück. Im Morgenlicht betteten sie ihn in der grünen Ostseeinsel, die sein Herzblut trank. Graugänse rauschten über die frische Erde nach Süden. –

Er ruht in deutscher Erde, wo einst das alte Ordensschloß von Peude stand. Eichenkränze, die ihm Soldatenliebe wand, schmückten Kreuz und Grab. In den Winden des Baltischen Meeres webt sein letztes Lied von der lebenspendenden Kraft rein vergossenen Blutes. Der Nordwald rauscht über den Hügeln:

> „Wir sanken hin für Deutschlands Glanz.
> Blüh, Deutschland, uns als Totenkranz!
> Der Bruder, der den Acker pflügt,
> ist mir ein Denkmal wohlgefügt.
> Die Mutter, die ihr Kindlein hegt,
> ein Blümlein überm Grab mir pflegt.
> Die Büblein schlank, die Dirndlein rank

blühn mir als Totengärtlein Dank.
Blüh, Deutschland, überm Grabe mein
jung, stark und schön als Heldenhain!"

Im Felde, November 1917 *Martin Flex*

Der Walter-Flex-Freundeskreis hat unter seinem langjährigen Leiter Hubert Koch, Pinneberg († 1974) und der letzten Namensträgerin, Frau Thea Flex, Uppsala († 1976) eine Gedächtnisstätte mit dem Nachlaß des Dichters eingeweiht in D 6057 Dietzenbach-Steinberg, Waldstraße 2—4.

Besucher können hier neben vielen Handschriften, Briefen und Bildern das erste Grabkreuz von der Insel Ösel, Uniformröcke und Degen des Dichters nebst zahlreichen persönlichen Gegenständen besichtigen und dem Walter-Flex-Freundeskreis beitreten, der vierteljährlich Rundschreiben herausgibt.

Zum 60. Todestag des Dichters (16. Oktober 1977) wurde eine Nachbildung der Grabstätte von Ösel in dem Wald, der zur Gedächtnisstätte gehört, errichtet.

Weitere Teile des schriftlichen Nachlasses werden in der Handschriften-Abteilung im Literaturarchiv der Staatsbibliothek der DDR zu Berlin und im Schiller-Nationalmuseum zu Marbach am Neckar aufbewahrt.